海外贈賄危機管理の実務

海外贈賄防止委員会【著】

弁護士 國廣 正／弁護士 稲川龍也／弁護士 竹内 朗【編著】

中央経済社

はしがき

　海外で事業展開する日本企業にとって，外国公務員への贈賄問題は大きなリスクである。しかし，このリスクは，通常のコンプライアンス・リスクとは異なる形で発現するので，多くの日本企業はその備えが不十分である。

　通常のコンプライアンス・リスクは，品質偽装であれ，金銭不正であれ，リスクの大部分は企業内部に存在する。したがって，企業の内部統制を整備し，役職員の意識を高めることで，相当程度の「予防」が可能になる。

　しかし，外国公務員贈賄問題のリスクは，「向こうからやってくる」もので，「予防」しようがないのが現実である。どんなに企業が自ら進んで贈賄などしたくないと考えても，腐敗した外国公務員は，あの手この手で企業に群がってくる。企業側にも「郷に入れば郷に従え」「自分たちは被害者だ」という「正当化」の心理が働きやすい。日本の本社からも現地の実情が見えにくいので，経営陣はあえてリスクを直視せず，この結果，責任が現地に押しつけられるという現象も見られる。その上，コロナ禍の影響で現地に対する監査が十分にできていないことも事態の悪化に拍車をかけていると想定される。このような状況で，「コロナ明け」には，多くの外国公務員贈賄事例が噴出するのではないかと危惧される。

　そこで，本書は「危機管理（有事対応）」に絞った実務対応を解説するものにした。つまり，

　①外国公務員から賄賂を要求された時，どう行動すべきか，

　②贈賄行為を行ってしまったことが判明した場合，どう行動して被害を最小限に抑えるか，

という2点について，企業がとるべき対応を明らかにしている。

　特に②については，現実に起きた事例を参考に作成した3つの設例をもとに，「どういう順序で，誰が，どのような対応をすべきか」をコーポレート・ガバナンスの観点も取り入れながら解説している。さらに本書の特色となっている

のは，今後，適用が拡大していくであろう日本版司法取引（合意制度）につい
て，企業コンプライアンスと結びつけた活用を明らかにして，「企業の危機管
理と刑事弁護の融合」の新しい姿を明らかにしているという点である。さらに
司法取引の一方当事者である検察実務の視点を取り入れた具体的な実務対応も
示している。

　執筆者は，全員が海外贈賄防止委員会（Anti-Bribery Committee Japan：
ABCJ[1]）のメンバーである。ABCJは，外国公務員贈賄問題に取り組む危機管理，
コンプライアンス，刑事事件を専門にする弁護士，研究者，コンサルタントを
構成員とする独立の専門家集団であり，巻末の略歴からわかるとおり，執筆者
は多様なバックグラウンド，経験を有している。本書は，このようなメンバー
が多角的な視点から議論を繰り返して完成させたものである。
　本書が外国公務員贈賄の発生という緊急事態における適切な対応の指針とな
り，企業価値の毀損を防ぐ一助となることを願っている。

2022年8月

弁護士　國廣　　正
弁護士　稲川　龍也
弁護士　竹内　　朗

1　Anti-Bribery Committee Japan：海外贈賄防止委員会（https://www.antibriberyjapan.org）

CONTENTS

はしがき

第 1 部　海外贈賄への対応

[1] 日本企業が置かれている状況　2

1.1　SDGsの目的達成の基礎となる腐敗防止／2

1.2　企業価値にも直結する海外贈賄のリスク／3

1.3　海外贈賄防止コンプライアンス態勢強化の必要性／4

1.4　海外贈賄事案における「有事対応」の重要性／5

[2] 賄賂を要求された企業の有事対応　7

2.1　通常のコンプライアンス事案との違い／7

2.2　大原則：要求に応じない／7

2.3　SFP（Small Facilitation Payment）／8

2.4　2つの類型（便宜供与型と不当要求型）／9

2.5　初動対応／10

2.6　組織的対応の必要性／11

2.7　有事対応のポイント／12

2.8　危機管理の成功事例／13

2.9　腐敗公務員は反社会的勢力と同じ／15

　　コラム①：海外展開する日本企業の陥りがちな問題点を指摘したJTC調
　　　　　　査報告書／17

[3] 賄賂を支払った企業の有事対応　20

3.1　早期の危機管理の必要性／20

3.2　有事対応の流れ／21

3.3　調査のポイント／23

⑴ 調査範囲の設定／**24**

⑵ 調査体制の構築／**26**

⑶ 調査環境の整備／**27**

⑷ 調査の手順／**27**

3.4 経営陣による経営判断と行動／**28**

4 日本における検察官との合意制度（日本版司法取引） **31**

4.1 合意制度の概要／**31**

4.2 合意制度の立法経緯等／**32**

4.3 合意制度を利用する上での留意点／**33**

⑴ 対象となる事件／**33**

⑵ 合意の前提としての協議手続／**34**

⑶ 合意の内容／**34**

⑷ 合意の拘束力／**35**

4.4 両罰規定により会社に犯罪が成立する場合の留意点／**35**

⑴ 会社を本人とした合意制度の活用は可能／**35**

⑵ 会社を本人とした場合の問題点
その１〜国民の理解／**36**

⑶ 会社を本人とした場合の問題点
その２〜本人と他人の区別の困難さ／**37**

コラム②：企業が合意制度を活用できる「特定犯罪」の典型的な事例
／**38**

5 日本企業に適用される海外贈賄防止関連法 **40**

5.1 海外贈賄防止関連法の種類／**40**

5.2 日本の外国公務員贈賄罪（不正競争防止法第18条）／**41**

5.3 米国FCPA／**43**

⑴ 制定経緯／**43**

⑵ 賄賂禁止条項と会計・内部統制条項／**44**

⑶ 広い適用範囲／**45**

⑷　ガイドライン等／**45**

5.4　英国Bribery Act／**46**

　⑴　制定経緯と概要／**46**

　⑵　コンプライアンス制度の位置づけ／**47**

5.5　アジア各国の現地法／**47**

5.6　入札資格停止処分／**49**

　コラム③：Non Trial Resolution（NTR）の活用／**50**

第2部　ケーススタディ

ケース1：海外からの内部通報と社内調査

① 海外からの内部通報に対する初動対応　**56**

　Q1　内部通報に対する初動対応／**56**

　Q2　通報者への連絡／**59**

② 海外贈賄事案における社内調査　**63**

　Q3　社内調査の着手／**63**

　Q4　調査範囲の設定／**66**

　Q5　調査体制の構築／**72**

　Q6　調査環境の整備／**74**

　Q7　調査の手順／**77**

　Q8　通報対象者に対するヒアリング／**81**

③ 贈賄の事実が確認された後の対応　**84**

　Q9　捜査機関への自主申告の判断／**84**

　Q10　会計処理における事後対応／**89**

コラム④：「Systemic」になりつつあるベトナムの贈収賄（VN ver.4, Clear ver.）／92

ケース２：贈賄要求への対応と合意制度の活用

1 贈賄要求への対応　99

　Q1　賄賂要求への基本的スタンス／99

2 コロナ禍で渡航制限がある場合の社内調査の進め方　106

　Q2　コロナ禍での社内調査／106

3 事実を否認する最終決裁者へのヒアリング　111

　Q3　事実を否認し虚偽の供述をする最終決裁者へのヒアリング／111

4 合意制度の活用　114

　Q4　合意制度を活用するメリット／114

　Q5　経営トップに対する説明／119

　Q6　合意制度を活用するための準備／122

　Q7　協議開始申入れ／129

　Q8　事件関係者との連携／133

　Q9　実行行為者である現地従業員の人権保護／136

　コラム⑤：海外贈賄は人権問題，ESGのSだ／139

ケース３：役員関与事案と危機管理チームの対応

1 各種関係機関への対応　144

　Q1　税務調査・適時開示・会計処理への対応／144

　Q2　社内調査中にマスコミ取材を受けた場合の対応／148

　Q3　社内調査中にマスコミ報道された場合の対応／152

2 役員関与事案における対応　157

　Q4　役員関与事案における事件関係者への責任追及／157

　Q5　役員関与事案における合意制度活用の可否／161

　Q6　本件における合意制度活用の留意点／165

Q7 実効性ある贈賄防止策の策定／170

3 **米国FCPAの域外適用** 175

Q8 FCPAの域外適用のリスク／175

Q9 FCPA域外適用が認められる事件の場合の調査や証拠保全の注意点／178

索引／181

第 1 部

海外贈賄への対応

1 日本企業が置かれている状況

1.1 SDGsの目的達成の基礎となる腐敗防止

　2015年に国連で採択された持続可能な開発目標（SDGs）の目標16は，「平和で包摂的な社会」の実現を掲げている。この目標は，SDGsの他の目標の達成や人々の人権の実現において基礎となるものである。しかし，贈収賄などの腐敗の問題が存在する場合，これらの目標達成が阻害されてしまう。そこで，ターゲット16.5は「あらゆる形態の腐敗や贈収賄を大幅に減少させる」として，腐敗防止の必要性を明確に訴えているわけである。

　特に法の支配が十分ではない新興国・途上国の一部では，腐敗の問題が構造化している。非民主的な独裁政権・軍事政権と国内外の資本が不正に結びつくことで極めて深刻な腐敗が蔓延し，地域における紛争や人権侵害につながった例もある。日本企業がグローバル展開において海外贈賄に関与した場合，民主的な統治システムをさらに蝕み，本来執行されるべき規制が執行されず，また本来提供されるべき公共サービスが提供されない結果となり，環境・労働・人権の問題にも悪影響をもたらす危険性がある。

　さらに，新型コロナウイルスの蔓延が，腐敗の問題に拍車をかけている。一部の国では，腐敗した政権が緊急事態において集中した権限や予算を悪用し，ヘルスケアや教育などコロナ危機からの復興に不可欠な公

共サービスの資金を奪っているといわれる。国連事務総長も，パンデ
ミックにおいて，腐敗は，世界中の優れたガバナンスを深刻に弱体化さ
せ，SDGsを達成するための取組みをさらに遅らせる可能性があること
を警告した。日本企業においても，コロナ危機を通じて人の往来が大き
く制限された結果，新興国などの海外拠点における腐敗の問題に目が届
かなくなったことが懸念されており，今後コロナ危機からの回復の過程
で問題が顕在化することも予想される。

1.2 企業価値にも直結する海外贈賄のリスク

腐敗は，従前より，経済の発展や民主化を阻む重大な社会課題として
認識されており，各国政府は企業の海外贈賄に対する規制を強化してき
た。米国海外腐敗行為防止法（FCPA）はその嚆矢であり，日本企業を
含む非米国企業にも積極的に域外適用されている。また，1997年には
OECD外国公務員贈賄防止条約が採択され，先進国に外国公務員贈賄防
止規制の導入が義務づけられた結果，日本でも不正競争防止法18条に外
国公務員贈賄罪が導入された。さらに，多くの新興国・途上国でも，腐
敗防止の専門当局が設置されるなど，贈収賄規制が強化されている。

各国当局が贈賄の摘発を強化していることに加え，上述のとおり
SDGsの目標達成の観点からも腐敗防止の重要性が認識され，取引先・
市民社会・NGO・メディア企業の贈賄防止に対する要求や期待が高まっ
ている。企業がステークホルダーからの要求・期待に反して贈賄に関与
した場合，法令違反による巨額の罰金・役職員の身柄拘束などの法的制
裁に加えて，サプライチェーン等の取引関係からの排除などの経済的な
損害，レピュテーションの低下など様々な形で企業価値の毀損が生じる

危険性がある。

　企業には，取締役に課される善管注意義務の一環として，適切にリスクを管理するための内部統制システムを整備することが求められている。上述のとおり贈収賄が企業価値に直結するリスクとなっている現在，取締役が善管注意義務を果たす観点からも，組織的な贈賄防止対策の強化が不可欠といえる。

　さらに，近年，投資家・金融機関において，ESG投融資，サステナブル・ファイナンスを拡大しているところ，企業の贈賄防止は，S（社会）とG（ガバナンス）双方に関連する重大な課題として位置づけられる。特に，企業の贈賄への関与は，裏金のプールや虚偽の会計処理を伴うことが多く，財務報告の健全性に多大な疑義を生じさせる。そのため，企業が実効的な贈賄防止対策を行っているか否かは，投資家その他のステークホルダーが企業の不正・腐敗と向き合う姿勢を把握する上での試金石ともなり得る。

1.3　海外贈賄防止コンプライアンス態勢強化の必要性

　企業の贈賄防止に関する要求・期待が高まっている一方で，海外では深刻な腐敗の現実があり，企業が自ら進んで賄賂を提供するというよりむしろ，外国公務員等から賄賂の不当要求を受けることも日常的である。

　日本企業が，このような賄賂の不当要求の問題に組織的に対応し，贈賄リスクに適切に対処するためには，平時・有事を通じてコンプライアンス態勢を構築することが不可欠である。このようなコンプライアンス態勢の構築は，取締役の善管注意義務を果たすのみならず，規制当局から処罰の減免を受ける一助ともなり得る。

　以上を踏まえ，日本弁護士連合会も，2016年，日本企業の贈賄防止対策の強化を促進・支援する観点から，「海外贈賄防止ガイダンス」を公表した。同ガイダンスは，平時における海外贈賄防止態勢の整備や有事の対応（危機管理）に関する指針を提供している。

　また，2016年には，日本企業における贈賄防止対策の強化を促進・支援するために，日弁連「海外贈賄防止ガイダンス」の策定・監修に関わったコンプライアンス・サステナビリティなどを専門とする弁護士・専門家を中心に「海外贈賄防止委員会（ABCJ：Anti-Bribery Committee Japan）」が結成された。

1.4　海外贈賄事案における「有事対応」の重要性

　ABCJは，国連グローバル・コンパクトに署名した400社超の日本企業のグループであるグローバル・コンパクト・ネットワーク・ジャパン（GCNJ）と連携し，「贈賄防止アセスメントツール」や「腐敗防止コレクティブアクション東京原則」を発表するなど，日本企業の贈賄防止に関する実務向上を支援するための様々な取組みを行ってきた。また，2018年以降，年1回，腐敗防止に関わる関係者が集まり議論する「腐敗防止年次フォーラム」を，経済産業省からも後援を受けながら，GCNJと共催している。

　このようなABCJの取組みを通じて，日本企業が取り組むべき重要な課題として浮かび上がっているのが，次節以下で説明するように，賄賂の不当要求を受けた際にいかに対応すべきか，また贈賄が発覚した際にいかに対応すべきかといった海外贈賄に関する「有事対応」である。

　特に，日本で2018年に司法取引制度に相当する「合意制度」が導入さ

れ，贈賄摘発のリスクが高まっている。日本企業は，贈賄の発覚時において，ステークホルダーの信頼を維持するために適切な不祥事対応を行いつつ，いかにして合意制度を効果的に活用し，企業価値の毀損を最小化できるかどうかが試されている。

② 賄賂を要求された企業の有事対応

2.1　通常のコンプライアンス事案との違い

　外国公務員贈賄への対応を考える場合，通常のコンプライアンス問題の対応とは大きな違いがある。通常のコンプライアンス問題は，企業が自らの行動を規律することで不祥事を予防するのが原則となる。しかし，外国公務員贈賄は，いくらこちらが払いたくないと思っても，腐敗した外国公務員が弱みにつけこんで金を要求してくる。したがって，外国公務員贈賄のコンプライアンス・プログラムには，不当要求を受けることを前提とした有事対応（危機管理）体制が不可欠になる。

　そこで，本節では有事対応のうち，不当要求がなされた場合の対応について考える。

2.2　大原則：要求に応じない

　有事対応では初動が重要である。一度賄賂を支払ってしまうと，味をしめた腐敗公務員からさらなる不当要求を受け続けることになる。したがって，初動で最も重要なのは「要求に応じない（支払わない）」ということになる。ただし，例外がある。要求を拒絶すると社員の生命，身体，自由が侵害される現実の危険性がある場合だ。この場合は，賄賂を支払うのはやむを得ない。

この点について，日弁連「海外贈賄防止ガイダンス」は次のように定めている。

第11条 外国公務員等から賄賂の不当要求を受けた場合の有事対応

1 不当要求拒絶の原則

腐敗が深刻な国・地域では，企業は，外国公務員等から賄賂の支払を強要される場合も多いところ，一度賄賂を支払うと更なる不当要求を受け贈賄が継続してしまう危険性があることから，企業は，不当要求を拒絶することを原則とし，そのための有事対応を実施する。ただし，外国公務員等からの賄賂の要求を拒絶することにより，役職員の生命，身体，自由が侵害される現実の危険性がある場合は，この限りではない。

2.3 SFP（Small Facilitation Payment）

ところで，「役職員の生命，身体，自由が侵害される現実の危険性」があるとまではいえないが，支払を拒否すると手続が円滑に進まない，各種許認可が出されないなど，企業にとって不利益や損失を生じる場合がある。

まず，通常の行政サービスに係る手続の円滑化のための少額の支払であるスモール・ファシリテーション・ペイメント（SFP）について述べる。米国FCPAでは，外国公務員等による裁量のない決まりきった業務（routine governmental action）に関して行われる円滑化のための支払が処罰対象から除外されており，当該支払に該当するか否かは金額ではなく，個々の支払行為の「目的」等の実質的な要素に基づき判断される。これに対して，わが国でSFPは不正競争防止法の対象から除外されてお

らず，違反か否かについては，「営業上の不正の利益を得る」目的の有無によって判断される。したがって，SFPであるからといって安易に支払うという対応は許されない。

2.4　2つの類型（便宜供与型と不当要求型）

SFPの場合よりも企業にとって悩ましいのは，許認可などでそれを受けられないなど，大きな経済的損失を招きかねない状況での多額の賄賂要求である。

この種の賄賂要求には，大別して2つの類型がある。1つは企業側が許認可条件などを定める現地法に明らかに反している状況で，当該外国公務員の賄賂要求に応じれば，現地法を「曲げて」許認可を取得できるような場合であり（A類型：本書第2部のケース2がこれに当たる），2つ目の類型は「不当要求型」とでもいうべきもので，企業側が必ずしも現地法に反しているとはいえない場合（極めて些細な違反に対する言いがかりと評価できる場合，あるいは裁量権の濫用と考えられる場合）である（B類型）。現実には，A類型とB類型は明確に区別できないケースも多いが，ここでは典型的なケースについて説明する。

A類型，B類型のいずれの場合でも賄賂の支払を拒否すべきことに変わりがないが，A類型は賄賂の支払という犯罪性に加え，現地法の適用を「曲げて」本来得られない許認可を取得するという犯罪性が加わることになるから，当該国の行政の適正な執行という保護法益に対する侵害が加わり企業側の悪質性がより大きいので，決して許されない。したがって，企業側は許認可が出されないことを前提として受け入れる他なく，その上で明確な形で拒否対応をすべきこととなる。

　B類型の場合には，そもそも当該公務員側に許認可を拒否できる事由と権限が存在しない可能性があるので，この点を現地弁護士と連携するなどして確認しつつ「闘う姿勢」「交渉する姿勢」での拒否対応も検討できることになる。贈賄要求に応じないと大変な目に遭わされるという固定概念にとらわれている企業が多いが，実は支払を拒否した成功例も多いことについては，後述の「2.8　危機管理の成功事例」「2.9　腐敗公務員は反社会的勢力と同じ」を参照されたい。

2.5　初動対応

　いずれの場合であっても，企業としては，後述の組織的な対応に持ち込むのが大原則であるが，組織的な対応が開始できるまで，若干の時間差が生じるのが実際である。この場合の現場の初動対応としては，「きっぱり断る」のが望ましいが，「本社の承認がないと支払ができない仕組みになっている。現場で自由に使えるお金はない」といった対応で時間稼ぎをしながら組織的な対応に持ち込むというのが現実的であろう。

　ところで，現場が外国公務員の圧力に負けて，本社による組織的対応につなぐ前に賄賂の支払を約束してしまった場合，どのように対応すべきか。

　外国公務員贈賄罪には，「申込罪」「約束罪」「供与罪」の3つの類型があり，約束だけでも犯罪は成立する。しかし，その場をしのぐために約束はしても，その後の支払（供与）をせず，現地法の適用を「曲げる」こともなかった場合には，現実に立件（起訴）される可能性は低いと考えられ，「約束をしてしまった以上，支払うしかない」と諦めてはならず，支払拒否に向けた組織的対応を行うべきである。

　ただ，腐敗した外国公務員側からすると，いったん約束したにもかかわらず支払を拒否した企業に対しては，重い報復（法的根拠のあるなしにかかわらず）がなされる可能性が大きくなるという現実もある。したがって，あくまで明確な約束はせず，「本社に相談して返答する」あるいは「自分で自由にできる金額ではない」といった線で，本社による組織的対応につなぐための時間稼ぎ対応に専念すべきである。

2.6　組織的対応の必要性

　外国公務員が現地事務所の正面玄関をノックして入ってきて「賄賂を支払え」ということはない。許認可の拒絶や支払拒否・遅延などの不利益をちらつかせながら，賄賂の支払を示唆するというのが現実である。また，賄賂の授受をそれとわかる形で行うこともまれであり，例えば取引の外形を装って形式的に契約書を作った上で，特定の業者にコンサルタント料や外注費などの名目で振り込みをさせるといった形が取られることも多い。

　この場合，現場で問題を抱え込まない（現場に問題を抱え込ませない）ということが大切になる。問題を現場で抱え込み，悩んだ末に間違った対応をしてしまい，取り返しがつかない状況に陥るというのが多くの失敗事例のパターンになっている。

　したがって，初動で最も重要なことは，現場で悩むことなく，オートマチックに「賄賂を要求されている」という情報を日本の本社に伝達するということだ。これにより組織的な有事対応に持ち込むことができ，致命的な間違いを防ぐことが可能になる。

　この点について，日弁連「海外贈賄防止ガイダンス」は次のように定

めている。

第11条　外国公務員等から賄賂の不当要求を受けた場合の有事対応
2　組織的な対応の必要性
　外国公務員等による賄賂の不当要求に対する対応を現場の役職員に委ね孤立させることは，現場の役職員が不当要求の圧力に屈してしまう危険性を高めると共に，役職員の労働・人権問題にもつながりかねないことから，企業は，外国公務員等から賄賂の不当要求を受けた場合には，組織的に有事対応を実施する。この場合には，海外贈賄の問題に精通した弁護士に早期に相談することが望ましい。

2.7　有事対応のポイント

　現場からの情報伝達により，有事対応が開始される。

　有事対応では，日本本社には危機管理ヘッドクオーター（HQ），現地では対応責任者（通常は子会社の社長など）を置き，リアルタイムで情報共有ができる体制をただちに作らなければならない。HQには危機管理弁護士，現地対策本部に現地の弁護士を置き，常時，そのアドバイスを受けながら対応することになる。

　この際，重要なポイントを示すと次の3点になる。

(1)　トップメッセージ

　有事対応はトップ主導で行わなければならない。トップメッセージは，平常時においてもコンプライアンス意識を確立するために重要なものだが，有事対応においてこそ，その成否を分けるものとなる。具体的には，

①現地の対策本部に対して，「当社として，絶対に賄賂要求には応じない」というメッセージを直接伝えること，②同時に，不安に駆られている現地の社員に安心感を与えるため，「自分が責任をもって現地社員を守る」「贈賄により得られる利益は捨てて構わない」と伝えることが重要だ。有事対応を成功させるのは揺るがない軸をもった一致団結した行動であり，これを可能にするものはトップメッセージをおいて他にない。

(2)　事実関係の確認，把握

　事実関係を迅速に確認し，正確に把握することは，適切な有事対応の前提条件になる。しかし，実際の危機管理においては，情報が錯綜して一貫した行動の妨げになることが多い。このため，情報伝達ルートの一元化と，弁護士などの専門家の配置による事実関係の正確な把握が必須となる。

(3)　記録化

　有事対応の記録化も不可欠である。例えば賄賂要求行為を録音などにより証拠化しておくことは，要求に対する拒否を容易にする（「さらに要求するようであれば，この証拠を当局に提出する」といった対応など）。また，記録化は，贈賄行為の嫌疑を受けた場合，自らが潔白であることの証明を可能にする。

2.8　危機管理の成功事例

　筆者が数年前に実際に対応した危機管理の成功事例を紹介する。
　ある日本企業（A社）の中国現地法人（B社）が，賄賂罪の容疑で当

局による立ち入り検査を受けた。これは B 社が顧客に配ったサンプル品が賄賂に当たるという嫌疑によるものだった。

　ところが，翌日，当局の担当者（X）から B 社に電話が入った。X は「B 社には重い処分が下されるだろう」と前置きした上で，「処分を免れるよい方法がある」として，「自分と縁故のある現地企業（Y 社）と取引をして200万元（約3,000万円）分の物品を購入しろ」と述べた。通常取引を偽装した賄賂の要求だ。

　B 社の副総経理（日本人）はただちに日本の A 社（本社）に報告した。この迅速な対応が危機管理の成否を分けた。

　A 社では即時に情報が社長に上げられ，筆者が日本側で危機管理を担当した。

　社長はただちに B 社の副総経理に自ら直接電話をして，次のように伝えた。

　「最初の賄賂罪については，隠し立てせずに誠実に対応しなさい。現地の弁護士をつけて徹底して弁護する。しかし，新たな賄賂の要求には絶対に応じてはならない。その結果，仮に中国から撤退することになっても構わない。これは社長である自分の決断だ。現地の責任は問わない。君たちのことは会社が全力で守る。」

　この社長の電話は，現地の副総経理に「本社が自分を守ってくれる」という安心感を与え，その後の自信を持った現地対応を可能にした。日本の弁護士（筆者）と現地の中国人弁護士は密接な連携態勢を作り，当局とのやりとりはすべて録音するといった対応をした上で，賄賂の要求をきっぱりと拒否させた（この拒否の電話も，相手の反応も含めてすべ

て録音した）。

　この結果，X側は自分の身の安全が脅かされていると感じたようで，賄賂の要求を撤回した。しかも，最初の賄賂罪の嫌疑についても「注意」にとどめられた。

　もしこの場面でB社の副総経理が即時に日本本社に情報伝達していなかったら，あるいは社長の姿勢が「穏便にうまく対応しろ」というものだったら，副総経理はXの要求を呑んでしまったかもしれない。この場合，B社のみならずA社も一体として底なしの泥沼に落ち込んでしまっただろう。

　この事例は，致命的になりかねない危険な状況に置かれた企業でも，迅速な情報伝達とトップの毅然とした対応があれば危機から脱することができることを示している。

　このような成功事例は表に出ることは少ない。しかし，不当要求をきっぱりと拒絶して危機管理に成功した事例は，実は相当数ある。「不当要求は断れない」というのは，思い込みにすぎないことが多い。

2.9　腐敗公務員は反社会的勢力と同じ

　新興国に進出した外国企業を脅して賄賂を要求する腐敗した政府関係者はEconomic Gangsters（経済ヤクザ）と称される。賄賂を要求された場合の日本企業側の対応については，「経済ヤクザ側の視点」から考えてみることが有益だ。

　彼らはある意味で「経済合理的」な行動をとる。つまり，リスクとリターンを秤にかけて行動する。彼らから見ると，対抗手段をとってくる企業は（彼らにとって）リスクのある存在だ。そんな危ない企業にアプ

ローチしなくても，何ら抵抗することなく金を支払ってくれるリスク・フリーの企業はいくらでもある。そうだとすると，あえてリスキーな企業にチャレンジするのは彼らにとって合理的な行動とはいえない。

　この結果，経済ヤクザは毅然とした対応をとる企業には寄りつかなくなる一方で，脇の甘い企業は際限なく金を吸い上げられることになる。

　このような腐敗役人の行動特性は，日本国内で企業をターゲットにする反社会的勢力と全く同じだ。企業を脅す反社会的勢力（経済ヤクザ）の生きていく糧となるのは「警察に通報すれば仕返しされるのではないか」という企業側の「幻想」だ。しかし，被害を通報した企業に仕返しなどすれば，より重い刑罰が待っているだけだ。このような「現実」を最もよく認識しているのは反社会的勢力自身だ。これは新興国のEconomic Gangstersも何ら異なるところはない。したがって，「要求されたら当局への通報などあらゆる手段をとって徹底的に闘う」という毅然とした態度が，最も効果的な対応策になる。

| コラム① | 海外展開する日本企業の陥りがちな問題点を指摘した JTC調査報告書 |

　日本交通技術（JTC）の外国公務員贈賄事件は，日本企業が陥りがちな「リスク管理不在のままでの海外進出」の問題性を典型的に示すものだ。

　この事件は，JTCが，ベトナム，インドネシア，ウズベキスタンの鉄道建設に関するコンサルタント業務の受注に関し，各国の公務員に多額の賄賂（3カ国合計で日本円換算約1億7,000万円）を支払っていたというもので，2015年2月，東京地方裁判所で外国公務員贈賄罪（不正競争防止法違反）により有罪判決（会社は罰金9,000万円，3名の行為者は懲役3年，2年6カ月，2年でいずれも執行猶予付き）が言い渡された。

　この事件の第三者委員会には，ABCJの國廣正弁護士，竹内朗弁護士，西垣建剛弁護士，吉田武史弁護士，五味祐子弁護士が参加し，2014年4月25日に「調査報告書」を公表した。

　少子高齢化により日本の国内市場は先細りといわれて久しい。このような状況で，多くの日本企業は海外，特に新興国への進出で活路を見出そうとしている。しかし，新興国の腐敗の状況を踏まえた十分なリスク管理体制を整えないまま「前のめり」で海外に進出している企業も相当数あると思われる。それらの企業に警鐘を鳴らすのがJTCの事件だ。

　第三者委員会の「調査報告書」は，この点について次のように述べている。

＜JTC事件「第三者委員会調査報告書」より＞

※一部筆者による修正あり。

【リスク管理不在のままでの海外進出】

　ベトナム案件に典型的に見られるように，JTCは技術プロポーザルを提出して落札する前の段階ですでに多額の先行投資を行っており，落札後，契約までの間にリベートを要求されても「引くに引けない」心理状況となっていた。

　海外事業では先行投資が必要となることも多い。そのような場合，次の段階に進むためには，要所要所で，先行投資を失うリスクと今後発生が予測されるリスクを比較衡量しつつ，メリット・デメリットを総合的に検討して「進むか，退くか」の決断をするのが本来の経営である。しかし，JTCにそのようなプロセスは存在しなかった。それゆえに，「引くに引けない」心理を相手方に見透かされ，巨額の要求を受けるに至った。

　さらに，プロジェクト開始後に相手方の一方的な理由による支払遅延という状況に至っても，その後の仕事をストップするなど正当な権利行使を全く行わないまま，ずるずると人員を投入して経費を嵩ませ，「引くに引けない」状況をますます悪化させていった。

　案件の継続が会社のリスクを増大させるだけで，撤退して「損切り」することに経済合理性があるという状況でも，現場担当者が自らの冷静な判断でそのような方針を取ることは難しい。損失拡大にストップをかけ，致命傷を負わない対応を可能にできるのは現場ではなく，現場を客観視できる経営陣による決断のみである。

　しかし，JTCでは，海外案件は現場に「丸投げ」されていた。国内の役員は，現場に対して手をさしのべることはなかった。

　自らの置かれた状況を客観的にみることのできない担当者の頭の中には「不当な要求を断る」という選択肢は全く浮かんでこなかっ

た。日本からベトナムまで機内持ち込み手荷物で札束を運ぶという
およそ常識では考えられない危険な方法をとる際にも，そのリスク
と相手方の要求を断るリスクを比較検討することもなかった。

　JTCは，「優れた技術力があれば正当に評価され，仕事につなが
る」という日本企業特有のナイーブな心情から脱することのないま
ま，「隙があれば食い物にされる」という厳しい現実が支配する新
興国ビジネスに無防備に突き進んだ。

　JTCにとって海外大型案件受注は，企業規模からみても，リスク
管理体制の水準からみても「身の丈」をはるかに超えるものだった。
この「無理」を相手に見透かされ，とどまることを知らない要求を
招いたのである。

　「企業が成長するには，成熟した日本の市場にとどまらず新興国
市場に進出することが必要」という現実があるとしても，十分なリ
スク管理体制を整備しないまま「バスに乗り遅れるな」とばかり無
防備に進出することの危険性に対する認識が，JTCには決定的に欠
けていた。

③ 賄賂を支払った企業の有事対応

3.1　早期の危機管理の必要性

　外国公務員から賄賂の要求を受けても，これを拒絶するのが本来ではあるが，現地において安易で軽率な自己正当化（郷に入っては郷に従え，差し迫った不利益を避けるには賄賂を渡すしかない，自分たちは不当要求の被害者にすぎない，など）を働かせて，本社に判断を仰がずに賄賂を支払ってしまうことがある。

　こうなると，贈賄行為者の外国公務員贈賄罪は既遂となり，会社も法人両罰規定で処罰されるおそれが生じ，会社は危機（クライシス）に陥る。

　その場合の有事対応について，日弁連「海外贈賄防止ガイダンス」12条は次のように定め，早期の危機管理を求めている。

第12条　外国公務員等に賄賂を供与・申込み・約束した事実を把握した場合（その可能性を把握した場合を含む）の有事対応

1　危機管理の必要性

　企業が外国公務員に賄賂を供与・申込み・約束した事実を把握した場合に，その対応を誤ると，企業価値が著しく毀損する事態に発展しかねないことから，企業は，企業価値を保全するための適切な有事対応（危機管理）を実施する。

2　早期の対応の必要性

　危機管理対応は早期の段階から対応することで危機の拡大を防止できる可能

性があることから，外国公務員等に賄賂を供与・申込み・約束した可能性を把握した段階から，企業は，有事対応（危機管理）を実施する。この場合には，海外贈賄の問題に精通した弁護士に早期に相談することが望ましい。また，海外においてその事案が立件される可能性があり，同国で弁護士・依頼者間の通信の秘密が認められている場合には，弁護士・依頼者間の通信の秘密の確保（英米法との関係では弁護士秘匿特権も含む）にも留意することが望ましい。

3.2　有事対応の流れ

　外国公務員贈賄を把握した場合の有事対応の内容について，日弁連「海外贈賄防止ガイダンス」12条は次のように定めている。

　3　有事対応の内容
　　企業が，外国公務員に賄賂を供与・申込み・約束した事実を把握した場合（その可能性を把握した場合を含む）の有事対応（危機管理）は，以下のうち適切な方法により実施する。
　　①　更なる供与又は約束を防止するための現場における対応（前条第4項に定める事項）
　　②　自らに不利な事情も含め，証拠の保全を図るために必要な措置
　　③　担当役員の決定，調査チームの設置等の手順
　　④　担当役員，調査チームの権限明記（担当役員，調査チームは，当該事案関係者による影響を受けない独立性のある者でなければならず，調査チームには調査に習熟した専門家を加えることが必要である）
　　⑤　調査結果（途中経過も含む）の迅速かつ適時の本社（親会社）への情報伝達
　　⑥　事案の重大性に応じた本社（親会社）の社外取締役，監査役（社外監査役を含む）への適時の報告

⑦　調査の結果，贈賄行為の可能性が高いと判断される場合は，捜査機関への通報や自首，開発協力事業に関しては外務省及びJICAに設置された不正腐敗情報相談窓口への相談等の検討

⑧　調査により判明した事実に基づく，原因究明，再発防止策の策定及び関係者の処分

　上記の①ないし⑧の内容について，現地と本社とに分けて有事対応の流れを整理すると，次頁の図のとおりである。

　有事対応の流れの中で，その中核に位置づけられるのは，本社の調査チームによる「調査」である。さらなる贈賄を防止するための①は除くとして，②③④は調査に向けられた事前準備であり，⑤⑥⑦⑧は調査結果に基づく事後対応である。この段階で精度の高い調査を実施して詳細な事実関係を把握することが，その後の⑤⑥役員による経営判断，⑦捜査機関等への対応，⑧原因究明・再発防止・関係者処分といった有事対応の成否を決めることになる。

【有事対応の流れ】

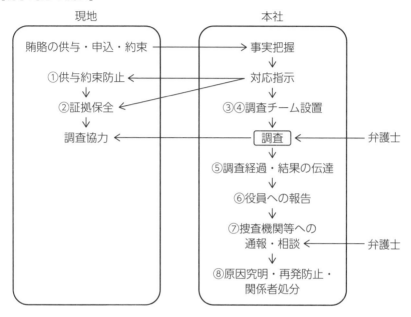

3.3　調査のポイント

　日弁連「海外贈賄防止ガイダンス」12条は，外国公務員贈賄事案においてどのように「調査」するかについては言及していない。

　ここで参考になるのは，日本取引所自主規制法人が公表する「上場会社における不祥事対応のプリンシプル」が，「①　不祥事の根本的な原因の解明」において，次のように定めている部分である（下線は筆者）。

> 　不祥事の原因究明に当たっては，<u>必要十分な調査範囲を設定</u>の上，表面的な現象や因果関係の列挙にとどまることなく，その背景等を明らかにしつつ事実認定を確実に行い，根本的な原因を解明するよう努める。
> 　そのために，必要十分な調査が尽くされるよう，<u>最適な調査体制を構築</u>するとともに，社内体制についても<u>適切な調査環境の整備</u>に努める。その際，独立役員を含め適格な者が率先して自浄作用の発揮に努める。

　これらは，調査の精度を高めるための普遍的なポイントを示したものであり，外国公務員贈賄事案における調査にも等しく妥当する。したがって，これらの内容に基づいて，「必要十分な調査範囲を設定する」「最適な調査体制を構築する」「適切な調査環境を整備する」ことがポイントになる。以下順に説明する。

(1)　調査範囲の設定

　必要十分な調査範囲を設定する必要があるところ，外国公務員贈賄事案は，概ね「公務員からの金銭要求→公務員との金額合意→社内の承認手続→資金の準備→公務員への金銭交付→社内の会計処理」という流れをたどる。したがって，これらの流れを調査範囲に設定し，事実関係を5W1Hで詳細に確認していく。

　これらの流れに沿って，調査対象事実，検証する証拠，留意点を整理すると，次表のとおりである。

【調査範囲の設定】

流れ	調査対象事実（5W1H）	検証する証拠	留意点
金銭要求	●誰が（氏名，役職，職務権限） ●いつ，どこで，誰に，どのように ●いくらを要求，通貨は ●応じないとどうなるといわれたか	●公務員作成資料 ●スケジュール帳 ●旅費交通費 ●接待交際費 ●社用車運行記録 ●車載・防犯カメラ	●相手は外国公務員か第三者か ●応じないとどうなると思ったか ●こちらから持ち掛けた話か
金額合意	●誰が，誰と，いつ，どこで，どのように	●社内報告メール ●面談録音データ	●要求から合意に至るまでの経緯
社内承認	●どのように申請し，誰が承認したか ●どのようなメリットを獲得／デメリットを回避しようとしたか ●贈賄の結果受けた行政サービスは通常か特別か	●決裁権限規程 ●稟議決裁資料 ●会議体議事録 ●社内報告メール ●部下・上司間のメール	●必ず最上位者までたどる ●部下と上司の双方に確認する
資金準備	●どの通貨で，どのような姿で ●銀行から，金庫から，裏金から ●裏金の作り方，外部協力者	●経理帳簿伝票 ●現金出納帳 ●銀行取引履歴 ●契約書や裏づけ資料 ●社内報告メール	●現金の動き ●会計処理が決まるまで仮払金計上など
金銭交付	●誰が，誰に，いつ，どこで，どのように ●直接証拠はあるか（ないのが通常） ●間接証拠はあるか（前足，後足）	●スケジュール帳 ●旅費交通費 ●接待交際費 ●社用車運行記録 ●車載・防犯カメラ ●社内報告メール	●着服・横領やキックバックの疑い（常にこの疑いがつきまとう）
会計処理	●どの費目で，どの証憑で，どの期間で ●本来の会計処理でないこと	●経理帳簿伝票 ●現金出納帳 ●銀行取引履歴 ●契約書や裏づけ資料 ●社内報告メール	●必ず最上位者までたどる ●部下と上司の双方に確認する

(2)　調査体制の構築

　最適な調査体制を構築する必要があるところ，ポイントは調査チームに「独立性」と「専門性」を確保することである。

　「独立性」とは，調査チームのメンバーが調査対象事実から独立していること，調査主体と調査対象とを明確に峻別することである。例えば，本社の海外事業所管部門の役職員が，贈賄について事前承認や事後追認を与えている疑いがあるのであれば，この部門の役職員は調査対象と位置づけられ，調査チームに入れるべきではない。

　「独立性」を確保することは，調査される側が加わったセルフ調査ではない，だから手心を加えることなく徹底した調査を行ったという外形を備えることにより，経営陣や外部ステークホルダーからの調査に対する信頼性を確保することにつながる。また，調査の情報が調査対象に伝わって調査妨害がされないよう，調査の「密行性」を確保することにもつながる。

　「専門性」とは，精度の高い調査を行うための専門的な知見や経験が調査チームに備わっていることである。例えば，経理関連の資料を収集分析する必要があれば，財務経理部門の協力が必要になり，関係者のメール等のデジタルデータを収集・分析する必要があれば，情報システム部門の協力が必要になる。

　そして，調査に関する知見や経験は，法務コンプライアンス部門や監査部門に備わっていることが多いが，外国公務員贈賄事案について豊富な経験を有していることはまれである上に，外国公務員贈賄罪という犯罪構成要件に該当するか，捜査機関等への通報・相談をするか，どこまでやれば有事対応における善管注意義務を尽くしたことになるか，といった判断が求められるので，外国公務員贈賄事案や危機管理に精通し

た弁護士の支援を得ることが有用である。

　実際には，本社の法務コンプライアンス部門の担当役員が中心となり，必要な社内人材や外部専門家を集めて調査チームを設置し，調査に着手することが多いと思われる。

(3) 調査環境の整備

　適切な調査環境を整備する必要があるところ，調査チームに必要十分な経営資源，具体的には調査活動に必要な「予算」「人員」「時間」が提供されることを要する。

　予算と人員を確保するには，社内稟議規程に基づいて，必要な階層で稟議決裁を得ることになる。時間については，どんなに短いものでも3週間から1カ月程度の調査期間が必要になると思われる。

　また，調査チームの調査に協力してもらえる社内環境を整備することも必要である。調査チームが社内に存在するすべての客観的資料やデジタルデータにアクセスできる，必要な関係者にヒアリングできるといった環境整備である。もし調査に非協力的な役職員がいた場合には，経営層から話を下ろしてもらう，あるいは業務命令を発してもらうということも必要になる。

(4) 調査の手順

　調査を進める手順としては，一般的に，「調査計画を立てる→客観的資料やデジタルデータを保全して収集・分析する→関係者にヒアリングする→調査結果を調査報告書に取りまとめる」といった順序になる。

　調査計画については，横軸に調査期間満了までのスケジュールを，縦軸に調査に必要なタスクを並べたガントチャートのような表を作成し，

おおまかでいいので全体の手順を俯瞰した調査計画を立て，これを「見える化」して調査チームで共有し，必要に応じて見直していくことが有用である。

3.4　経営陣による経営判断と行動

　調査チームが行った調査の結果は，調査報告書に取りまとめられて経営陣に報告され，有事対応の重大な局面における経営陣の経営判断の材料に供される。

　日弁連「海外贈賄防止ガイダンス」12条3項は，「⑤ 調査結果（途中経過も含む）の迅速かつ適時の本社（親会社）への情報伝達」「⑥ 事案の重大性に応じた本社（親会社）の社外取締役，監査役（社外監査役を含む）への適時の報告」を求めている。

　そして，外国公務員贈賄事案において特徴的なのが，贈賄行為者は外国公務員贈賄罪に問われ，会社も法人両罰規定で処罰されるおそれが生じることである。日弁連「海外贈賄防止ガイダンス」12条3項は，「⑦ 調査の結果，贈賄行為の可能性が高いと判断される場合は，捜査機関への通報や自首，開発協力事業に関しては外務省及びJICAに設置された不正腐敗情報相談窓口への相談等の検討」を求めている。

　経営陣は，外国公務員贈賄により会社が被るダメージを最小限にするための方策を検討して行動に移すことが求められ，これは役員に課せられた善管注意義務の一内容である。その方策の中には，捜査機関に自主申告し，司法取引を行って会社の起訴を免れることも含まれる。2018年の刑事訴訟法改正により導入された日本版司法取引の第1号案件となったのが，三菱日立パワーシステムズのタイ国における外国公務員贈賄事

件であり，同社が司法取引を行って起訴を免れたことは記憶に新しい。
2021年に改訂された経済産業省「外国公務員贈賄防止指針」第2章4.
も，「贈賄行為の可能性が高いと判断される場合は，弁護士への相談，
捜査機関への通報や自首，検察官に対する合意制度の適用の申し入れを
検討すること」としている。

　また，日弁連「海外贈賄防止ガイダンス」12条3項は，「⑧ 調査により判明した事実に基づく，原因究明，再発防止策の策定及び関係者の処分」も求めている。上述した日本取引所自主規制法人が公表する「上場会社における不祥事対応のプリンシプル」の前文は，次のように定めている。

　企業活動において自社（グループ会社を含む）に関わる不祥事又はその疑義が把握された場合には，当該企業は，必要十分な調査により事実関係や原因を解明し，その結果をもとに再発防止を図ることを通じて，自浄作用を発揮する必要がある。その際，上場会社においては，速やかにステークホルダーからの信頼回復を図りつつ，確かな企業価値の再生に資するよう，本プリンシプルの考え方をもとに行動・対処することが期待される。

　このように，外国公務員贈賄という重大な不祥事を把握した経営陣は，必要十分な調査により事実関係や原因を解明し，その結果をもとに再発防止を図ること，速やかにステークホルダーからの信頼回復を図りつつ，たしかな企業価値の再生に資するよう行動・対処することが求められ，これもまた役員に課せられた善管注意義務の一内容である。

　そして，経営陣が経営判断を下して行動する際のポイントは，次に示すとおりである。

ⅰ）外国公務員贈賄を起こしてしまった会社は，ESG上の問題を抱える会社として，取引先から取引を打ち切られてサプライチェーンから外される，機関投資家の投資対象から外される（ダイベストメント），金融機関から融資を受けられなくなるといった重大なリスクを抱えることになること

ⅱ）外国公務員贈賄を起こしてしまった従来の脆弱なコンプライアンスの体制や活動を徹底的に見直し，実効性ある再発防止策を徹底すること

ⅲ）経営陣のこうした取組みに対し，取締役会がステークホルダー目線やESG目線からしっかりとガバナンスを効かせること

4 日本における検察官との合意制度（日本版司法取引）

4.1 合意制度の概要

　合意制度（刑事訴訟法350条の2）は，特定の財政経済犯罪および薬物銃器犯罪を対象とし，検察官と被疑者・被告人が，弁護人の同意がある場合に，

- 被疑者・被告人が，他人の刑事事件について供述する，重要な証拠物を提出するなどの協力行為をすること
- 検察官が，被疑者・被告人の事件について，不起訴あるいは軽い訴因で起訴する，軽い求刑をするなど被疑者・被告人に有利な取扱いをすること

を内容とする合意を行い，合意内容に沿って刑事手続を進める制度である。これを図示すると次図のとおりである。

【合意制度】

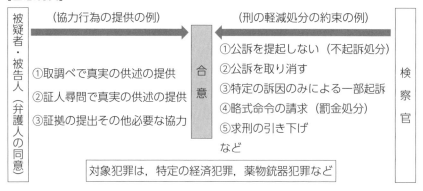

4.2　合意制度の立法経緯等

　合意制度は，取調べに強く依存していた過去の捜査の反省と組織的な犯罪の全容解明の両立を目的とし新設された司法取引の一種で，2018年6月1日より施行されている。

　この制度は米国の司法取引制度を参考にしている。しかし，被疑者が「自分」の罪を認める代わりに不起訴などを約束してもらうという典型的な仕組み（自己負罪型）は採用していない。

　組織的な犯罪において中心的な役割を担った「他人」の犯罪を明らかにするため，検察官等に対し証拠の提供などの協力行為を行った犯罪者「本人」に対し，その見返りに不起訴処分や罰金などの刑の軽減を与える仕組み（捜査・訴追協力型）のみを採用している。つまり，自分の犯罪を認めただけでは足りず，上位の共犯者など他人の関与を示す重要な証拠などを提供した場合にのみ，本人に不起訴など有利な処分を与える仕組みである。その意味で米国の司法取引制度とは異なり，「日本版司

法取引」と呼ばれている。

　この制度は立法過程において，被疑者・被告人が虚偽の供述を行い無関係の「他人」を巻き込む危険性が強く指摘された。また，合意を成立させるかどうかは検察官の裁量で義務ではないため，どのような事案で運用が行われるか不透明であるとの指摘もあった。

　そのため，合意制度の実施について裁量権を有する検察は，協議・合意制度の運用に関し，施行当初のスタンスとして，2018年3月19日付で「証拠収集等への協力及び訴追に関する合意制度の運用等について（依命通達）」なる指針を公表している。実務で実際に合意制度を利用しようとする場合，この検察が公表している指針の運用方針を正確に理解しておく必要がある。

　これまでに，日本版司法取引が適用されたケースは，報道ベースで3件と少ない。罪名は，外国公務員贈賄罪（三菱日立パワーシステムズ），金融商品取引法違反（日産自動車），業務上横領罪（GLADHAND）で，いずれも企業の組織的な犯罪に適用されている。

4.3　合意制度を利用する上での留意点

(1)　対象となる事件

　合意が成立するには，本人の事件，他人の事件が同じでも異なってもよい。しかし，いずれの事件も特定の財政経済事件および薬物銃器事犯で，かつ法定刑が死刑または無期の懲役・禁固に当たる罪を除外したものであることが必要である。

　したがって，法定刑に無期懲役のある薬物密輸入事件は対象とならない。また，会社の預金を使い込んで業務上横領罪で逮捕された会社の従

業員が，同社の幹部が行った外国公務員贈賄事件の重要な証拠を所持している場合，同事件を「他人の事件」として証拠提出という捜査協力を行い，自己の業務上横領事件の不起訴を合意することも可能である。

　対象事件であれば，公判請求前（被疑者）でも公判請求後（被告人）でも，合意制度を利用できる。

⑵　合意の前提としての協議手続

　合意をするためには，その前提として検察官，本人および弁護人の三者で協議を行う必要がある。なお，協議申立ては検察側からも本人・弁護人側からもできる。

　協議に応じるかどうかは検察官の裁量であり義務ではない。検察官が協議に応じ合意を成立させるかどうかに関し，前記検察の指針は，「合意制度を利用するためには，本人の事件についての処分の軽減等をしてもなお，他人の刑事事件の捜査・公判への協力を得ることについて国民の理解が得られる場合でなければならない。基本的には，従来の捜査手法では同様の成果を得ることが困難な場合において，協議の開始を検討する」「協議の開始を検討するに当たっては，本人の協力行為によって合意制度の利用に値するだけの十分な証拠が得られる見込みはあるかどうかということや，協議における本人の供述につき，裏づけ証拠が十分にあるなど積極的に信用性を認めるべき事情がある場合でなければ合意しないことになる」としている。

⑶　合意の内容

　合意の内容となる本人の刑事処分軽減の内容は前記4.1のとおりであり，本人が強制捜査（捜索・差押え，逮捕）を受けないことは含まれな

い。しかし，捜査機関の知らない犯罪事実について協議を申し込み，捜査に積極的に協力すれば，通常罪証隠滅のおそれは少ないと判断され，結果として強制捜査を免れる可能性があり，企業の危機管理の観点からは重要なメリットといえる。

⑷　合意の拘束力

　合意は，それに違反した場合の事後措置により間接的な拘束力を持つ。

　検察官が合意の内容に違反した場合，および裁判所の判断で合意の内容が実現できなかった場合，被疑者・被告人は合意から離脱できる。

　この場合違反して行われた公訴は裁判所によって棄却される。また，すでに提供された供述や客観証拠は証拠として使用できないという制限が課され，検察官は事実上訴追が困難となる。

　被疑者・被告人が合意に違反した場合は，検察官は合意から離脱でき，この場合証拠制限はかからない。

4.4　両罰規定により会社に犯罪が成立する場合の留意点

⑴　会社を本人とした合意制度の活用は可能

　合意制度の典型的な事例は，犯罪の実行犯である部下従業員が，企業の役員あるいは幹部職員等の上位者の関与を明らかにする「重要証拠」（供述やその裏づけ証拠）を提供し，その代わりに自己の不起訴ないし刑の軽減を合意する場合である。このような，「本人」である部下が上位者を「他人」として合意制度を活用する場合，組織的な犯罪の実態解明の点からも国民の理解からもわかりやすい。

　他方で，外国公務員贈賄罪のように両罰規定が存在する経済事案の場

合，会社の犯罪を「本人の事件」，従業員が行った犯罪を「他人の事件」として合意制度を活用することも可能であり，実際，合意制度適用第1号（三菱日立パワーシステムズ）事件はそのようなケースである。しかし，このケースの場合，以下に述べる問題に留意する必要がある。

(2)　会社を本人とした場合の問題点　その1〜国民の理解

　外国公務員贈賄罪について，両罰規定により犯罪者となる会社を本人，末端の実行行為者の行為を「他人の犯罪」として合意制度を活用する場合，「トカゲの尻尾切り」などとマスコミから非難されることがあり，国民の理解も得にくいと思われるケースもある。結果として，会社が求める有利な内容での合意が得られないこともあり得る。

　会社の日頃からの国内外における海外贈賄防止対策が十分であれば，この批判を回避ないし軽減できる。日頃の海外贈賄防止対策は，会社の危機管理上，不正の事前防止のみならず不正発覚後の危機対応としても非常に重要であることを再確認する必要がある。

　国民の理解という概念は条文に規定されているものではなく，相対的なものであろう。仮に会社の海外贈賄防止の事前対策が十分といえない場合であっても，それだけで，合意制度が一切適用されないわけではない。

　その場合，捜査機関に協力行為として提供する証拠の重要性・立証の不可欠性に加え，①会社の不正発覚後の徹底した調査による真相解明の程度，②不正の自己申告と捜査協力，③事件関係者の社内処分，④実効性のある再発防止策の早期実施，⑤不正な利益を得ている場合の利益の吐き出しなど，会社にとって有利な情状がどれだけ認められるかが重要なポイントとなる。

(3)　会社を本人とした場合の問題点　その２〜本人と他人の区別の困難
　さ

　両罰規定は，会社の従業員が会社の業務に関し違法行為を行った場合，
会社も同じ事実で処罰するという制度である。したがって，違反行為を
行った従業員と会社は，いわば表裏一体という関係にある。しかし，合
意制度を利用する場合，本人と他人は別人格として扱われる。他人の犯
罪を明らかにする協力行為も，他人に依拠するものではなく本人自身が
協力できるものであることが要求される。

　この関係で，特に従業員が複数関与した犯罪で全員が事実を認め，本
人である会社に協力している場合に多くの問題が生じる。具体的には，
①誰のどの行為を「他人の犯罪」と構成するか，②本人である会社の協
力行為を何にするか，③会社と他人の協力関係のあり方・刑事弁護人の
選任のあり方などである。個別の事件では必ずこの問題が生じるため，
個々の事件に即して適切な解決を目指す必要がある。

コラム②　企業が合意制度を活用できる「特定犯罪」の典型的な
事例

■合意制度の対象となる特定犯罪

　合意制度の対象となる「特定犯罪」は，外国公務員贈賄罪以外にも経済犯罪を中心に60以上の罪名が対象となっており，企業活動に伴い発生する犯罪の多くが対象となっている。またその大部分には両罰規定が定められており，従業員が企業活動の中で業務として行った行為について，企業も法人としての刑事責任を負うことになる。

　これら両罰規定の対象となる犯罪について従業員が違法行為を行った場合，企業は，いずれの事件においても，従業員の犯罪を「他人の事件」として合意制度を活用する余地がある。以下，企業にとって，発覚した場合の社会的インパクトが大きく，罰則も比較的重い事案の中から，合意制度を活用することによって，刑事責任やレピュテーションの低下を軽減し得る典型的な事例をいくつか列挙する。

■企業が合意制度を活用できる典型的な事例（罪名後のカッコ内は法人に対する罰則である）

(1)　外為法違反（10億円以下の罰金）

　A社海外戦略部長が，経済産業大臣の許可を得ずに，核兵器などの開発のために用いられるおそれが特に高い特殊繊維を韓国経由で北朝鮮に輸出した（外国為替及び外国貿易法69条の6第2項2号，72条1項1号）。

(2)　相場操縦（7億円以下の罰金）

　B証券会社エクイティ部門の自己売買担当者が，大口取引先や自社の利益を得るため株価操縦取引を行った（金融商品取引法197条1項5号，同条2項1号，207条1項1号）。

(3)　有価証券報告書虚偽記載（7億円以下の罰金）

　C社CFO（取締役）が，架空の売上計上などの不正な会計処理を行い，

過大な当期純利益を計上し，これにより重要な事項について虚偽の記載のある有価証券報告書等を提出した（金融商品取引法197条1項1号，207条1項1号）。

(4) 価格カルテル（5億円以下の罰金）

D社営業担当者が，他社関係者と共同して，特定製品の値上げ幅と値上げ時期を決定するなどして相互に事業活動を拘束した（ただし，刑事告発対象会社の場合。独占禁止法89条1項1号，95条1項1号）

(5) 営業秘密侵奪罪（5億円以下の罰金）

E社技術開発部長が，F社から転職してきた者が不正に所持していたF社の営業秘密である製品設計図を使用してE社の製品開発・改善を行って利益を上げていた（不正競争防止法21条1項7号，22条1項2号）。

5 日本企業に適用される海外贈賄防止関連法

5.1　海外贈賄防止関連法の種類

　贈収賄防止法には，自国公務員に対する贈収賄を禁止する法律と外国公務員に対する贈収賄を禁止する法律の2種類が存在する。前者は，通常の国家であればほとんどの場合に刑法などの規定により立法化されている。

　後者の外国公務員贈賄規制は，企業がグローバルな経済活動にあたって外国公務員に対する贈賄に関与することを防止するために先進国を中心に立法されており，代表的なものは米国FCPA，英国Bribery Act（UKBA），日本の不正競争防止法18条に定める外国公務員贈賄罪などである。企業が新興国で贈賄に関与した場合，現地法で訴追されない場合でも，先進国当局から外国公務員贈賄規制の執行を受ける可能性があり，企業は現地法以上に注意を払わなければならない。

　日本の外国公務員贈賄罪は，1997年に経済協力開発機構（OECD）において外国公務員贈賄防止条約（正式名称「国際商取引における外国公務員に対する贈賄の防止に関する条約」）が採択されたことにより，1998年に不正競争防止法が改正されて国内法化され，1999年2月に施行されたものである。さらに，日本は2003年に採択された「腐敗の防止に関する国際連合条約」を2017年に批准するなどの国際的な取組みに加盟している。

5.2 日本の外国公務員贈賄罪（不正競争防止法第18条）

(1) 制定経緯と概要

　上記のとおり，日本においても外国公務員に対する贈賄を処罰する法律が存在する。それは，不正競争防止法18条に定められる外国公務員贈賄罪である。

　その歴史は比較的浅く，1998年の不正競争防止法の改正により，外国人公務員等に対する不正の利益の供与等を禁止する一連の規定が追加され，1999年2月より施行された。これは，上記のとおり，1997年，日本も加盟国となっている経済協力開発機構（OECD）の外国公務員贈賄防止条約（国際商取引における外国公務員に対する贈賄の防止に関する条約）の採択に対応したものである。さらに，2001年6月には，外国公務員等の定義の明確化のために改正された。

　また，2004年5月には，国民の国外犯処罰の追加のために同法が改正された（同法21条8項，刑法3条）。この改正前は，外国公務員贈賄罪につきわが国内で行為の一部がなされなければ処罰の対象とはならなかった。これでは，例えば，東南アジア某国の子会社の日本人駐在員が現地公務員に賄賂を渡したとしても，日本国内では一切，行為がなされない場合には処罰されないので不当な結論となる。そこで，この改正では，日本国民が海外で贈賄行為をする場合も処罰の対象となるとされた。

　外国公務員贈賄罪の執行は比較的低調であり，制定以来，わずか10件程度である。ただし，その執行はFCPAの執行よりも大きく日本のメディアにより報道されることが多く，企業のレピュテーション・リスクとしては，不正競争防止法18条の外国公務員贈賄罪のほうが一般的に高

い。

(2)　外国公務員贈賄罪の特色

　不正競争防止法18条は，以下のとおり，同罪の構成要件を定めている。

　何人も，外国公務員等に対し，国際的な商取引に関して営業上の不正の利益を得るために，その外国公務員等に，その職務に関する行為をさせ若しくはさせないこと，又はその地位を利用して他の外国公務員等にその職務に関する行為をさせ若しくはさせないようにあっせんをさせることを目的として，金銭その他の利益を供与し，又はその申込み若しくは約束をしてはならない。

　このとおり，外国公務員贈賄罪は，単に，外国公務員の職務に関連して賄賂を渡すだけでは成立せず，その利益の供与等の目的が外国公務員の作為・不作為または他の外国公務員等の作為・不作為のあっせんであることが要件とされている。さらに，「営業上の不正な利益を得るため」に賄賂の供与等が行われることが要件とされている。これらの要件は，検察側に対して，実質上，許認可の取得，外国政府の調達における取引の成立，税金の免除等などの「何の対価として賄賂を支払ったか」の立証を要求するものであり，弁護活動の焦点の一つとなる。

　同罪に違反した場合，個人に関しては，５年以下の懲役および／または500万円以下の罰金である。法人に対しては３億円以下の罰金が科せられる。このとおり，日本法はFCPA等と異なり，罰金の金額が比較的低く定められている。

　しかし，「組織的な犯罪の処罰及び犯罪収益の規制等に関する法律」に基づき，同罪によって得た収益は「犯罪収益」として，没収の対象と

なり得る。したがって，例えば，外国公務員に対して賄賂を支払うことにより外国政府との取引を落札して利益を得た場合には，その利益を「犯罪収益」として没収することは理論上可能であり，法的には，日本においてもFCPA等と同レベルの高額の金銭的制裁もあり得る。ただし，現在においては，そのような実務は確立されていない。

　また，公訴時効期間は5年である。ただし，犯人が国外にいる期間は時効の進行が停止するので，実務上，現地駐在員が長期間にわたって海外に居住しているような場合には要注意である。

⑶　ガイドライン等

　不正競争防止法を所轄する経済産業省において，「外国公務員贈賄防止指針」を発表し，同罪の制定の経緯，企業が構築すべき組織体制，構成要件及び執行事例の解説などが記載されている。

　また，企業が構築すべき組織体制に関しては，同指針を補完する趣旨において，本書の執筆メンバーが所属する「海外贈賄防止委員会」（Anti-Bribery Committee Japan―通称「ABCJ」）が中心となって策定した日本弁護士連合会が発表する「海外贈賄防止ガイダンス（手引）」が参考になる。

5.3　米国FCPA

⑴　制定経緯

　米国FCPA（Foreign Corrupt Practices Act）とは，外国公務員に対する贈賄を禁止・処罰する米国の連邦法である。この法律は，1970年代初め，米国においてウォーターゲート事件が発生し，それに続く田中角

栄元首相等が有罪判決を受けたロッキード事件を含め，米国企業が国際
取引において汚職に手を染めている実態が発覚し社会問題化したことに
端を発している。すなわち，米国FCPAは，1977年，企業の品位と信頼
を保つため，外国公務員に対する贈賄をも処罰するため法制化された。

その後，1988年，米国FCPAの改正が行われ，現地法上適法な行為お
よび合理的かつ善意で行われる販売促進のための支出を処罰しない旨の
例外が加えられた。また，1998年，米国内で行為の一部を行う外国人の
処罰，国連等の国際機関の担当者への贈賄の処罰等の追加を行うべく，
改正がなされた。

米国FCPAは特に2000年代以降になって積極的に執行されるように
なった。その背景事情については諸説があるが，2001年9月11日の同時
多発テロ以降，独裁政権の資金源として企業が提供する賄賂が問題に
なったこと，同年のエンロン事件等により企業犯罪への米国政府の姿勢
が厳格化されたこと，DPA（Deferred Prosecution Agreement―起訴
猶予合意）による企業に対する訴追実務が確立したことなどが原因とい
われている。

(2)　賄賂禁止条項と会計・内部統制条項

米国FCPAは，賄賂禁止条項と会計・内部統制条項により構成されて
いる。

前者の賄賂禁止条項（15 U.S.C§78dd-1, 2, 3）とは，外国公務員に対
して，賄賂の支払，その申込み，約束，それらの承認を行ってはならな
いという条項である。

後者の会計・内部統制条項（15 U.S.C§78m(b)）とは，正確かつ適正
な会計帳簿を作成し，取引および資産を管理して記録する内部統制を確

立し，故意に虚偽の記録を行い，または内部統制の確立を怠ることを禁ずるものである。これは，企業が賄賂を支払った場合，それを「賄賂」として計上することはほぼあり得ないことに着目したものである。すなわち，賄賂を支払っても，「販売管理費」「販売促進費」「コンサルティング費用」等の虚偽の名目で計上されるので，ほとんどの場合で会計不正または内部統制上の問題を伴うことから，米国当局は，その違反を訴追することができる。

(3) 広い適用範囲

FCPAも外国法である以上，日本企業に適用されるにあたっては米国との接点が必要である。この点，FCPAは，極めて広い適用範囲を有している。法令上，定められているのは，①Issuer（発行体），②Domestic Concern（国内関係者—米国市民，法人等），および③Foreign person acting within the United States（米国で行為の一部を行った者）である。さらに，これらの者との関係で，④Conspiracy, adding and abetting,（共謀，幇助）を行った者も適用対象となる。

(4) ガイドライン等

米国当局である司法省（DOJ）および証券取引委員会（SEC）は，共同で「A Resource Guide to the U.S. Foreign Corrupt Practices Act」（最終改訂2020年7月。以下「FCPAリソースガイド」という）を発表しており，そこでコンプライアンスの重要性が指摘されている。

米国FCPA上，コンプライアンス制度を設ける意味としては，①米国FCPAも故意犯が対象となるので，コンプライアンス制度の存在により企業のFCPA違反の故意を否定することができる場合もあり，②企業に

対する連邦訴追基準において不起訴処分または有利な和解契約を締結することが可能となる場合もあり，③米国量刑ガイドライン第8章において，有効なコンプライアンス制度の存在は量刑において企業の「責任スコア」の軽減要素となる場合があるためである。企業のコンプライアンス制度の評価に関して，DOJは，「Evaluation of Corporate Compliance Program」（最終改訂2020年6月。「企業のコンプライアンス制度の評価」）を発表している。また，企業の自主申告に関して，DOJは，「FCPA Corporate Enforcement Policy」（最終改訂2019年3月）を発表しており，コンプライアンス制度の重要性が強調されている。

5.4 英国Bribery Act

(1) 制定経緯と概要

　Bribery Act 2010（一般に「UKBA」と称されている）とは，贈収賄を禁止処罰する英国法であり，2010年4月8日に成立し，2011年7月1日より施行されている。同法上，「英国内において事業を行う企業」が贈賄行為を防止できなかった場合，当該企業の本拠地や贈賄行為が行われた場所を問わず，その企業が贈賄行為に関して責任を負う。

　したがって，英国内で事業を行う日本企業を含む国際企業にとって，英国Bribery Actは，米国FCPAと同様，脅威ということができる。

　英国Bribery Actの特色として，米国FCPAと異なり，①非裁量的な手続の促進のために支払う少額の賄賂（いわゆる，facilitation payment）を処罰しないという免除規定がなく，②公務員だけではなく民間人へのキックバックなどの贈賄も処罰対象となっている。この意味で，処罰対象範囲は米国FCPAよりも広範である。

⑵　コンプライアンス制度の位置づけ

　法令上，有効なコンプライアンス制度が処罰を免除するものとして明示されている点も特色の１つである。すなわち，企業が「Adequate Procedure」（適切な手続─すなわち，コンプライアンス制度）を持っていれば，たとえ贈賄事件が発生しても，企業責任を免れるとされている。この点，英国法務省（Ministry of Justice）は，ガイドラインを2011年３月に発表し，企業が備えるべきコンプライアンス制度を解説している。

5.5　アジア各国の現地法

　アジア各国では，シンガポールなどの例外を除き，贈賄リスクが高い国が多いが，各国の現地法では，刑法，汚職行為撲滅法などの特別法により，贈収賄行為は犯罪とされている。

　特色としては，法律，特別法，大統領令などの様々な法令により贈収賄行為の処罰が規定されており，各法令の整合性が取られていないことが多い。例えばある行為について，刑法が適用されるか，汚職行為撲滅法が適用されるか明確でないことがある。

　加えて，それぞれの法令において構成要件に微妙に差異があるものの，現地の裁判実務において精密な法令解釈を行わない慣習があることも多いので，純粋な文言解釈に依拠して犯罪の成否を判断することは危険である。公務員の定義が明確ではないことも多い。

　また，日本と異なり，キックバックなどの民間の贈収賄（いわゆる商業賄賂）が処罰の対象となっている場合がある（中国の反不正競争法，シンガポールの汚職防止法等）。このような法令は，公務員に関する贈

収賄と同様に積極的に執行されているケースが多く，日本企業も標的になる場合もある。

【アジア各国の現地法】

国	法　令	特　色
中国	刑法，反不正競争法	●商業賄賂の処罰あり ●個人処罰の他，法人処罰あり ●賄賂金額等による執行基準あり
インド	1998年汚職防止法 (Prevention of Corruption Act)（2018年改正）	●賄賂の提供を強制された贈賄者は提供から7日以内に自主申告することで免責 ●個人処罰の他，法人処罰あり ●UKBAと同様，実効的なコンプライアンス制度の存在を立証することで法人は免責
タイ	刑法，2018年汚職防止抑止法 (The Act Supplementing the Constitution Relating to the Prevention and Suppression of Corruption (2018))	●個人処罰の他，法人処罰あり ●法人は実効的なコンプライアンス制度の存在を立証することで免責 ●主な規制当局は，NACC（National Anti-Corruption Commission） ●3,000バーツ未満の贈答には受領者の公務員について報告義務なし
ベトナム	刑法，反汚職法（2005年制定，2015年改正）	●反汚職法では，汚職行為として横領，収賄，権限濫用・逸脱などが広く規定されている。罰則はすべて刑法で規定 ●200万ドン未満の財物または利益については，受領者が同一の行為につき懲戒された場合，または刑法の汚職に関する罪に関して犯罪歴がある場合を除き，処罰されない

シンガポール	汚職防止法 (Prevention of Corruption Act), 汚職, 薬物取引, その他の重大犯罪 (追徴) 法 (Corruption, Drug Trafficking and other Serious Crimes (Confiscation of Benefits) Act)	● 商業賄賂の処罰規定あり ● 個人処罰の他, 法人処罰あり ● 規制当局として, The Corrupt Practices Investigation Bureau (CPIB) が設置されている

5.6 入札資格停止処分

さらに, 上記のような制定法・条約の枠組みだけではなく, 贈賄を含む汚職行為に関して, 世界銀行等の国際開発金融機関, 各国の政府機関において, 入札資格停止処分その他のペナルティを科す制度が存在することを忘れてはならない。その制度においては, 1つの国際開発金融機関が行った処分が自動的に他の機関の入札資格停止処分事由となるCross Debarmentと呼ばれる仕組みも存在する。

日本の独立行政法人国際協力機構 (JICA) においても, その競争参加資格停止規程等において, 外国公務員贈賄罪に該当する行為が入札資格停止処分に該当することを定めるとともに, 企業が自主的に申告を行った場合には, その措置を減免する制度を定めている。

コラム③　Non Trial Resolution（NTR）の活用

■NTR（Non Trial Resolution）とは

　捜査機関にとって外国公務員贈賄罪の立証は，容易ではない。それは，賄賂を受け取る者と提供する者には，賄賂の授受により市場の需給関係からは得られない利益を不正に得る点で共通の利害関係があるため，賄賂授受に関する証拠を隠匿する強いインセンティブがあるからである。

　そのため，捜査機関において，有罪を立証するための証拠確保のため捜査に多大な費用，時間が必要となる。すなわち，外国公務員贈賄罪の捜査は，他の犯罪と比べて，通常の捜査手法による証拠獲得は，費用対効果の面で合理性に乏しいか，少なくとも効率的ではない。

　したがって，贈賄者または収賄者側が，捜査機関に対して証拠を提供して本罪に関与した事実を報告すれば，当該被疑者に係る本罪の責任を免除または軽減するというメリットを与えることに意味が出てくる。さらに，捜査機関にとって，この処分事実を公表することで，犯罪抑止効果を期待することができる。

　この選択肢による場合，捜査機関に協力する被疑者には，正式裁判を経ることなく，一定の不利益処分（当局と合意に至った罰金の支払，賄賂の没収，追徴，本罪再発防止に向けたコンプライアンス体制の構築等）が課せられるのが通常である。これは，刑事裁判を経ずに本罪を立証し事件を終結させる点で，Non Trial Resolution（NTR）と呼ばれる。

　NTRの発案と利用は，司法取引の伝統がある英米から始まり，これが欧州各国に広がり，OECDが本罪への有効な対処方法と認めて指針を発出したことで，他国でもその利用が広がりつつある。この方法は，米国FCPA，英国Bribery Act等の贈収賄防止関連の犯罪も含めて，諸外国で積極的に活用されており，日本の刑事司法制度上の協議合意制度を外国公務員贈賄罪の際に活用する場合も，広い意味でNTRである。

■NTRのメリットとデメリット

　NTRには，メリットとデメリットがある。メリットは，刑事裁判を経て本罪を立証する際に生じる負担（時間，資金，労力）を回避し，早期に事案を終結することができる点である。他方，デメリットは，NTRでは，一方の被疑者（典型的には贈賄者）から提供された証拠の信用性を，他方の被疑者（収賄者である公務員）の弁解等を通じて正式な裁判手続において十分に検証しないまま受け入れて，申告者である贈賄者に不利益処分を課すことが通常であるが，そのようなことが許されるか，という正当性に関する疑義である。

　このデメリットは，法の支配ないし公平な手続を経た正義の実現という，刑事裁判の基本的理念に関わる重要な問題である。しかし，外国公務員贈賄罪では，国内の公務員に係る賄賂罪（domestic bribery）に比べても，海外に重要証拠が存在する企業の組織犯罪であることも多く，捜査機関にとって証拠収集が格段に困難である。したがって，上記のメリットに着目してNTRによる事案処理をし，その過程を公表し，NTRによる処理の経験値を蓄積させ，事実上の事案処理の基準を公示することで今後の犯罪発生の抑止を目指すことが，政策的には優れている。このような理解が，英米やOECDでは一般的である。

■NTRのパターン

　NTRは，贈賄者または収賄者のいずれが捜査機関に本罪被疑事実を自主的に申告するかにより，3つのパターンが考えられる。すなわち，自主的申告者が，①贈賄者である場合，②収賄者である場合，③収賄者および贈賄者の双方である場合である。通常は①である。収賄者は（捜査機関にとって）海外にいる主体であり，刑事裁判権が及ばないので，②と③は，理論的にはあり得るが実際のケースではほとんど考えられない。また，①と②は，他人の犯罪に関して捜査機関に対して情報を提供する「他者負罪型司法取引」の一類型である。外国公務員贈賄罪にも適用される日本の協議合意制度は，捜査公判協力型であり，①により適し

た制度である。

　この点，①では，贈賄者にとって，予想を超えた過大な不利益処分が課せられる可能性もある。収賄者に賄賂を支払ったと申告した贈賄者に，国内の贈賄罪に比べて重い金銭的制裁や入札資格の剥奪等がなされたため，贈賄者がいかにして不服申立てをするかが争われた事例が，海外では見受けられる。NTRにより贈賄者（に相当する被疑者）に課せられる処分も，贈賄者の行為の違法性とその責任の重さに比例したものでなければならない。しかし，他方で，その処分が，贈賄者による再犯を抑止するだけの効果を有することも要求される（OECDの外国公務員贈賄防止条約3条）。贈賄者にとって，このような要請を満たした不利益処分の程度がある程度予測できるものでなければならない。

　そこで，NTRの運用にあたっては，主に，以下の点を留意する必要がある。

---

① NTRの開始要件と終了要件（申告の相手方である当事者の権利保護のための手続的保障を含む）の明確化

② 一方の被疑者（通常は，贈賄者）から提供された証拠により被疑者以外の者のプライバシーや営業の自由等が侵害されないための配慮

③ 刑罰の代替となる不利益処分の内容と程度（内部統制制度の確立，コンプライアンス・プログラムの策定と実施，そのモニタリング等）

④ NTRが，それが適用される被疑者以外の被疑者に関する犯罪の捜査の支障とならない点の確保

　これらの要請は，OECDの指針改定により，着実に，デファクトスタンダードまたはソフトロー化されているのが，現状である。

　日本では，協議合意制度の運用過程で，OECDの指針等で示された知見を活用することが，実践的対応となろう。

第**2**部

ケーススタディ

ケース1 海外からの内部通報と社内調査

＜事案の概要＞

　あなたは，A社の執行役員コンプライアンス部長です。

　A社は，製造販売業を営む上場会社であり，国内の他，東南アジアを中心とする海外にも複数の子会社を有し，現地スタッフを採用して工場を稼働して製品を製造販売しています。海外子会社の管理は，本社の海外事業部が所管しています。

　A社のコンプライアンス規程には，外国公務員への贈賄が禁止行為として定められており，このコンプライアンス規程は海外子会社にも適用されています。また，A社には，本社のコンプライアンス部を窓口とするグローバル内部通報制度が設けられており，この通報窓口は海外子会社の役職員にも周知されています。

　A社のX国にある海外子会社AX社には，日本人であるB社長とC総務課長の他，現地スタッフ100名程度が勤務しています。

　本社のコンプライアンス部のグローバル内部通報窓口に対し，AX社の現地スタッフMから，実名による英文のメールで，「AX社が現地の税務当局から税務調査を受け，B社長が税務職員に賄賂を支払って課税処分の減額を受けたという話が社内で噂になっている」という内部通報が届き，あなたは通報窓口担当者から報告を受けました。

＜関係図＞

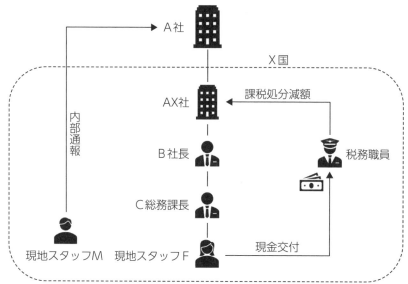

1　海外からの内部通報に対する初動対応

内部通報に対する初動対応

> この内部通報に対し，どのように初動対応しますか。もし通報が匿名でなされたら，初動対応の内容は変わりますか。

◆A1◆
- 通報内容がもし真実であれば，外国公務員贈賄罪という犯罪行為に該当する重大事案であるという認識を共有する。
- 通報者Mに連絡を取り，より詳細な事実や情報を聴き取る。
- 通報内容の真偽を確認するために，客観的資料を収集する。
- もし通報が匿名でなされたら，通報者に連絡を取ることはできないが，その他の初動対応は変わらない。匿名でなされたからといって，通報内容の信憑性は低いという先入観を持つことは危ない。

解　説 ●━━━━━━━━━━━━━━━━━━━━━━━━━━━●

(1)　重大事案であるという認識の共有

　「AX社が現地の税務当局から税務調査を受け，B社長が税務職員に賄賂を支払って課税処分の減額を受けた」という通報内容がもし真実であれば，B社長の行為は，X国における贈賄罪の犯罪行為に該当するほか，日本の不正競争防止法18条1項（外国公務員贈賄罪）も属人主義によりB社長に適用され，同条の犯罪行為にも該当することとなり，A社も両罰規定で犯罪に問われる可能性がある。

　もしA社が犯罪に問われる事態になり，そのことが報道等で社外に公

表されることになれば，A社の社会的信用は著しく失墜し，ESG上の問題を抱える上場会社として，取引先から取引を打ち切られてサプライチェーンから外される，機関投資家の投資対象から外される（ダイベストメント），金融機関から融資を受けられなくなるといったおそれもあり，A社の企業価値にとって極めて深刻な事態を招く。

　本件の内部通報は，このような重大事案に発展する可能性があるという認識を，まずコンプライアンス部門内で共有するとともに，必要に応じて執行役員コンプライアンス部長の上長であるコンプライアンス担当取締役にも一報しておくことを検討する。

(2)　通報者Mへの連絡

　内部通報に対する初動対応としては，まず通報者に連絡を取り，より詳細な事実や情報を聴き取ることになる。通報内容は「……という話が社内で噂になっている」というものであるから，より詳細な事実や情報を聴き取り，その真偽を調査するための材料を収集することになる。

　その前提として，AX社の現地スタッフにMという人物が実際に存在するかどうかの確認を，A社人事部に対して行うことになる。

(3)　客観的資料の収集

　通報者Mから得られた断片的な事実や情報に基づいて，まずはA社内で入手できる客観的資料を収集する。

　本件では，AX社が税務調査を受けたか，税務当局から課税処分を受けたか，税務当局に納税したか，といった外形的な事実について，A社

の財務経理部門や税務部門に問い合わせるなどしてその裏づけとなる決算書等の客観的資料を収集する。

　もっとも，AX社から資料を取り寄せることになれば，そのことが通報対象者であるB社長に伝わり，証拠の隠滅などがされるおそれがあるので，その点は慎重に進める。

⑷　通報が匿名でなされたときの初動対応

　もし通報が匿名でなされたとしたら，通報者に連絡を取ることはできないが，その他の初動対応については実名通報と変わるところはない。

　通報が匿名でなされたからといって，通報内容の信憑性が低い，端から信用できないという先入観を持ち，客観的資料の収集などを疎かにしてはならない。

　通報はコンプライアンス部が調査に着手するための端緒にすぎず，コンプライアンス部が調査すべきは，「通報が信用できるかどうか」ではなく，「通報内容に含まれている事実関係を裏づける客観的資料が存在するかどうか」である。ここを間違えてはならない。

通報者への連絡

通報窓口担当者が通報者Mに連絡を取る際，どのようなことに
注意しますか。

◆A2◆

- 通報の秘密を守り，通報者を保護することを，通報者Mに伝えて信頼関係
  を作る。
- 今後の連絡手段を確保する。その際，通報の秘密を守るため，通報者Mの
  社用メールアドレスや貸与スマートフォンを使ってやりとりしてよいかを
  慎重に検討する。
- 通報者Mが把握している情報をすべて聴き出し，5W1Hで事実関係を整理
  する。
- AX社にどのような客観的資料が存在し，どの資料を調査すれば通報内容
  について確認できるかを通報者Mから教えてもらう。
- 通報者Mから調査はしないでほしいという要望があっても，丁寧に説明し
  て対応する。

解　説

(1) 通報者との信頼関係の構築

　AX社の現地スタッフである通報者Mからすれば，A社コンプライア
ンス部の通報窓口担当者とは当然ながら一面識もなく，自分の通報にま
ともに取り合ってくれるのかどうか疑心暗鬼になっている。

　したがって，通報窓口担当者が通報者Mに連絡を取る際には，通報し
てくれたことに対するお礼を丁寧に述べ，通報に真摯に対応することを

伝えるとともに，A社グループのグローバル内部通報制度として，通報の秘密を守り，通報者を保護することを伝えて，通報者Mとの信頼関係をいち早く構築する。

(2)　連絡手段の確保

通報者Mからの通報が私用メールアドレスから来ていれば，その私用メールアドレスを使って連絡を取ることになる。

もし通報者Mからの通報が社用メールアドレスから来ていれば，社用メールアドレスを使ったりAX社の貸与するスマートフォンを使うことで通報の秘密が守られないおそれにも配慮して，私用メールアドレスや私物のスマートフォンを使うことを検討する必要がある。もっとも，その場合には，機密情報に関する情報セキュリティの観点から，やりとりする情報の機密性確保には特に留意し，通報窓口担当者からのメールは質問を中心にする，A社側の判断や評価の記載は極力避けるなど，万一メールのやりとりが外部に流出してもA社側の姿勢を疑われることのないように注意する。

(3)　事実関係の聴取と整理

通報者Mと連絡を取り合いながら，Mが把握している情報をすべて聴き出し，5W1H（いつ，どこで，誰が，誰に対し，何を，どうした）で事実関係を整理する。

「AX社が現地の税務当局から税務調査を受け，B社長が税務職員に賄賂を支払って課税処分の減額を受けたという話が社内で噂になってい

る」という通報内容について，どの噂はどの範囲で広まっているか，通報者Mは，いつ，誰から，どのようにその噂を聞いたか，その噂は真実と思われるか，真実と思われるのはなぜか，賄賂の支払に関与していると思われる関係者はB社長と他に誰か，コンプライアンス部による調査に協力してくれそうな人は通報者Mの他に誰か，といった質問をして答えを引き出す。

なお，一般的に，通報者は自分が通報したことが大ごとになるにつれて恐怖を感じ，コンプライアンス部から連絡が取れなくなることもあるので，頻繁に連絡を取り合って信頼関係を維持するよう努めるとともに，迅速に調査を進めることが大事である。

(4) 客観的資料の確認

通報者Mからは，整理された事実関係を裏づけるものとして，AX社にはどのような客観的資料が存在するか，その資料を入手するには誰に依頼すべきか，資料を入手することをB社長や関係者に知られないまま行うことができるか，などコンプライアンス部ではわからないAX社内の事情を，通報者Mが知る限りで教えてもらう。

(5) 通報者の要望への対応

通報者Mから，実名で通報はしたものの，「これからAX社内で調査が行われると，自分が通報者だと疑われて立場が危うくなるので，調査はしないでほしい」と要望してきた場合，どのように対応するか。

そもそも内部通報制度は，通報者個人の利益を確保するための制度で

はなく，会社がリスク情報を把握して適切な対応を行うための端緒を得るための制度であるから，（ハラスメントの被害者など名誉やプライバシーに特に配慮すべき事案であればともかく）原則として調査の要否は会社が判断する事項であり，通報者の意思により調査の要否が決められるものではない。特にQ1で述べたとおり，本件は，通報内容がもし真実であれば，外国公務員贈賄罪という犯罪行為に該当する重大事案であるから，通報者の保護はあわせて図るとしても，A社として調査を行わないという選択肢はとり得ない。

そこで，通報者Mに対し，本件は調査の必要性が極めて高い重大事案であること，Mから通報があったという通報の秘密は必ず守ること，MがAX社において不利益な取扱いを受けないよう必ず保護することを，丁寧に粘り強く説明し，通報者Mの理解を得るべく対応する。

② 海外贈賄事案における社内調査

社内調査の着手

> 初動対応の結果，AX社が税務調査を受け，課税処分の減額を受けたことが客観的資料から確認され，通報内容が真実である可能性が相当程度あると判断されたので，本格的な社内調査に着手することにしました。どのような点に留意して社内調査を進めますか。

◆A3◆

- 必要十分な調査範囲を設定し，最適な調査体制を構築し，適切な調査環境を整備する。
- 社内調査に着手することは，上長であるコンプライアンス担当取締役と代表取締役社長には報告しておく。
- 調査が妨害されないよう調査の密行性を確保する。

解　説 ●━━━━━━━━━━━━━━━━━━━━━━━━━━━●

(1) 不祥事対応プリンシプルの定め

　日本取引所自主規制法人が公表する「上場会社における不祥事対応のプリンシプル」は，「①　不祥事の根本的な原因の解明」において，次のように定めている（下線は筆者）。

> 　不祥事の原因究明に当たっては，<u>必要十分な調査範囲を設定</u>の上，表面的な現象や因果関係の列挙にとどまることなく，その背景等を明らかにしつつ事実認定を確実に行い，根本的な原因を解明するよう努める。
> 　そのために，必要十分な調査が尽くされるよう，<u>最適な調査体制を構築</u>するとともに，社内体制についても<u>適切な調査環境の整備</u>に努める。その際，独立役員を含め適格な者が率先して自浄作用の発揮に努める。

　そこで，外国公務員贈賄事案において本格的な社内調査に着手する際にも，不祥事対応プリンシプルに基づいて，①必要十分な調査範囲を設定し，②最適な調査体制を構築し，③適切な調査環境を整備することが必要になる。Q4以下で詳説する。

(2)　社内調査着手時の報告先

　初動対応の結果，AX社が税務調査を受け，課税処分の減額を受けたことが客観的資料から確認され，通報内容が真実である可能性が相当程度あると判断されたという状況に至っており，A社の企業価値にとって極めて深刻な事態を招くリスクがより具体化した状況といえる。

　そして，コンプライアンス部として本格的な社内調査に着手するにあたっては，一定の人員を投入し，外部専門家も起用することとなり，それに向けた予算を確保する必要がある。

　したがって，執行役員コンプライアンス部長としては，上長であるコンプライアンス担当取締役に加え，この時点で代表取締役社長にも報告しておくのが現実的な対応である。

(3) 調査の密行性の確保

社内調査に着手する際には，関係者が口裏合わせをし，関連する客観的資料を廃棄するなど，調査が妨害されることを避ける。そのため，調査の密行性を確保し，情報管理を徹底し，調査対象となる可能性のある役職員には社内調査が行われていることを秘密にしておく。本件では，AX社を所管する本社の海外事業部がB社長による贈賄に対して何らかの関与をしている可能性もあり得るので，同部に対しては秘密裏に調査を進める。

他方で，必要な客観的資料を収集したり，必要な関係者からヒアリングをするには，ある程度事情を伝えて調査への協力を求めなければならない場面も出てくる。その場合には，コンプライアンス担当取締役や代表取締役社長から秘密裏に話を下ろしてもらい，調査協力と情報管理を要請する。

調査範囲の設定

Q4

必要十分な調査範囲（スコープ）をどのように設定しますか。

◆A4◆

- 「公務員からの金銭要求→公務員との金額合意→社内の承認手続→資金の準備→公務員への金銭交付→社内の会計処理」という流れを確認する。
- 贈賄をした相手は税務職員か，外国公務員かを調査する。
- 税務職員に金銭が交付されたか，AX社の役職員が着服横領した可能性はないかを調査する。
- 贈賄に関与したのはAX社の現地スタッフか，B社長など日本人も関与したか，本社の役職員も関与したかを調査する。
- 税務職員に対して贈賄した動機・理由を調査する。
- 贈賄された資金はAX社でどのように準備され，どのように会計処理されたか，その会計処理は不適切か，A社の連結決算にどのような影響を与えたかを調査する。
- 日本の外国公務員贈賄罪の他，X国の法令や米国FCPA等の適用可能性を調査する。

解 説

(1) 外国公務員贈賄事案における流れ

　外国公務員贈賄事案は，概ね「公務員からの金銭要求→公務員との金額合意→社内の承認手続→資金の準備→公務員への金銭交付→社内の会計処理」という流れをたどる。これらの事実の流れを5W1Hで詳細に確認する。

　また，外国公務員贈賄事案の調査では，日本の不正競争防止法18条1項（外国公務員贈賄罪）の構成要件を充足するか，犯罪が成立するかを調査範囲の中心に据える。

(2)　贈賄相手は外国公務員か

　贈賄をした相手，金銭を交付した相手が，本当に税務職員なのか，外国公務員なのかを調査する（ただし，民間人同士の商業賄賂が犯罪となる国では，相手が公務員でなかったとしても犯罪該当性を別途判断する）。

　具体的には，税務調査の際に相手から受け取った名刺に記されている所属税務署の名称や住所，役職が実在するものか確認する，相手から受け取った税務調査開始通知や課税処分通知などの書類から内容が真正か，相手の職務権限を確認する，相手とのメールのやりとりなどから相手の立場を疑わせる不自然な点がないかを確認する。もっとも，相手が本当に勤務しているかを公務所に問い合わせることは，贈賄の調査をしていることが相手に伝わるおそれがあるため，慎重にすべきである。

　もし仮に，相手が税務職員だという説明が金銭を騙し取るための虚偽であったことが判明すれば，B社長の行為は外国公務員贈賄には該当せず，AX社が詐欺被害を受けたことになる。

(3)　税務職員に金銭が交付されたか

　贈賄はX国においても犯罪行為となるため，AX社も税務職員も金銭交付の客観的証拠（動画や写真）を残すことはなく，税務職員から領収

書をもらえることもないので，金銭交付を直接裏づける証拠は入手できないのが通例である。

　そこで実務上最も悩ましいのが，税務職員への贈賄というのは実は作り話で，本当はAX社の役職員がその金銭の全部または一部をポケットに入れて着服横領したのではないか，あるいは税務職員から一部のキックバックを受けているのではないか，という疑いをどのようにして払拭しつつ，交付された金額を具体的に特定するかである。

　実際の調査では，税務職員の金銭要求から金銭交付に至るまでの事実の流れを詳細に説明させ，客観的事実に照らして矛盾や不自然な点がないかを確認する。そして，金銭交付およびその金額の認定については，その場面を微細にわたり描写させるようなヒアリングを行い（税務職員からいつ連絡があったか，どこに呼び出されたか，金銭をどのような状態で運んだか，金額を自分で確認したか，現場ではどのような位置関係で税務職員と対峙したか，どのような会話があったか，どのように金銭を見せたか，どちらの手で渡したか，相手は受け取った金銭を数えたか，金銭をどこにしまったかなど），その具体性や迫真性，客観的事実との整合性を検証して，その供述は信用できるという心証を形成することになる。

　もし仮に，役職員が着服横領していたことが判明すれば，B社長の行為は外国公務員贈賄には該当せず，AX社は横領被害を受けたことになる。

(4)　贈賄に誰が関与したか

　贈賄に関与したのはAX社の現地スタッフか，B社長など日本人も関

与したか，本社の役職員も関与したかを調査する。

　具体的には，まずはAX社内で，誰が税務職員から金銭要求を受けたのか，誰が贈賄する金額を税務職員と合意したのか，誰が贈賄資金を準備することを承認・決裁したのか，誰がどのようにして贈賄資金を準備したのか，誰が税務職員に会って金銭を交付したのか，誰が贈賄した金額を会計処理したのか，といった事実関係を確認する。

　そして，AX社の現地スタッフが関与していたとして，B社長から指示ないし承認を受けたかを調査し，B社長にもヒアリングして真実を語らせる。

　さらに，B社長は自分の独断で行ったのか，あるいは本社の海外事業部の誰かに相談を持ち掛けて承認を受けたのかを調査する。その際には，B社長と本社の海外事業部との間のメールデータを保全して解析することで，関係者が否認しても隠された真実を発見することができる。

　本件では，AX社のB社長まで，あるいはA社の海外事業部の部員や部長，さらには海外事業部の担当役員まで，贈賄の関与者となっている疑いがあるので，その疑いが払拭できるまで，つまりここから上層部は贈賄を知らなかったと認定できるまで，調査を尽くして心証を固める必要がある。なぜなら，組織のどの階層まで関与していたかによって，その事案の重大性は左右されるし，再発防止策として必要な施策も変わってくるからである。

(5)　贈賄の動機・理由

　日本の不正競争防止法18条1項（外国公務員贈賄罪）は，「国際的な商取引に関して営業上の不正の利益を得るために，その外国公務員等に，

その職務に関する行為をさせ若しくはさせないこと，又はその地位を利用して他の外国公務員等にその職務に関する行為をさせ若しくはさせないようにあっせんをさせることを目的」とすることを要件とする。

　したがって，贈賄の動機・理由を調査して特定し，この要件に該当するかどうかを判断する。本件では，通報内容が「税務職員に賄賂を支払って課税処分の減額を受けた」となっているため，課税処分の減額を受けることが贈賄の動機・理由だったのかを調査する。

　また，そもそも減額を受ける前の課税処分の課税額が，税務上合理的な金額なのか，それとも不合理で吹っ掛けられた金額なのかについて，X国の税務専門家にも相談して調査し判断する必要がある。この点は，AX社が贈賄の対価として税務職員から不当な便宜供与を受けたか，贈賄によって適正な課税権の行使が捻じ曲げられたか，という本件の悪質性や情状にも関わる重要なポイントとなる。

(6)　資金準備と会計処理

　贈賄された資金はAX社でどのように準備されたかを調査する。最終的には現金で手渡されることが多いので，銀行から引き出したのか，金庫から出したのか，あるいはプールしていた裏金から出したのか，客観的資料との整合性を確認する。通貨はX国の通貨か，日本円や米ドルなど別の国の通貨か，その通貨は税務職員が指定したのかも確認する。

　そして，外国公務員に贈賄された金額がそのとおり会計処理されることはないので，何らかの経費項目に仮装して不適切に会計処理されることになる。したがって，どのように会計処理されたか，その会計処理は不適切か，A社の連結決算にどのような影響を与えたかを調査する。

　外国公務員贈賄と不適切会計はセットで現れることがほとんどであり，どの時点で監査法人に伝えて協議を始めるかを財務経理部門と協議する。

(7)　外国法令の適用可能性

　日本の不正競争防止法18条1項（外国公務員贈賄罪）に該当するかどうかが調査の基本であり，日本の弁護士に相談し，適用可能性を判断できるだけの調査を行う。

　加えて，X国の法令や米国FCPAや英国Bribery Act等の域外適用を受けるかどうかも，しかるべき弁護士に相談して適用可能性を判断できるだけの調査を行う。

調査体制の構築

Q5 最適な調査体制をどのように構築しますか。

◆A5◆
- 社内人材として，コンプライアンス部，内部監査部のほか，財務経理部，情報システム部などの人材を確保する。
- 外部専門家として，海外での不正調査や上場会社の危機管理に精通した弁護士等，外国公務員贈賄罪の構成要件や捜査機関への対応に精通した弁護士，日本の他，Ｘ国の弁護士や税務専門家，日本とＸ国の双方で対応できるグローバルなデジタル・フォレンジック専門業者を起用する。
- 調査の密行性と独立性を確保するため，調査対象となり得る社内人材は調査チームに加えない。

解　説 ●━━━━━━━━━━━━━━━━━━━━━━━━━━━●

(1)　社内人材の確保

　外国公務員贈賄は犯罪行為であり，重大なコンプライアンス違反事案であるから，コンプライアンス担当取締役を調査チームのトップに据え，客観的資料の分析や関係者ヒアリングなどの調査能力を備えるコンプライアンス部や内部監査部の人材を確保する。AX社に対する課税処分の内容や贈賄資金の動き，事後の会計処理などを分析するために，財務経理部からも人材を確保する。メール等のデジタルデータを保全して解析するために，情報システム部からも人材を確保する。

(2) 外部専門家の起用

海外での不正調査や上場会社の危機管理に精通した弁護士等の外部専門家を起用し，調査チームの組成，調査の手順と手法，ヒアリング方法，証拠評価と事実認定，調査報告書の作成など実務対応全般について支援を得る。外国公務員贈賄事案の調査スキルや経験が乏しいときは，専門性を有する外部弁護士に調査の実施まで依頼する。また，外国公務員贈賄罪の構成要件該当性や捜査機関への対応などに精通した弁護士からも支援を得る。

もし社外役員に弁護士がいたら，その弁護士に相談して適切な弁護士や外部専門家を紹介してもらう。本件では，日本の弁護士等のほか，X国の弁護士や税務専門家も起用して支援を得る。

また，日本とX国の双方でデジタルデータを保全収集分析できるよう，グローバル展開している外部のデジタル・フォレンジック専門業者も起用して支援を得る。

(3) 調査の密行性と独立性の確保

調査対象となり得る社内人材を調査チームに加えてしまうと，その者から調査対象者に調査の内容が伝わって調査を妨害されるおそれがある他，調査対象者が調査に加わって手心を加えるなど，調査の独立性が害されて調査の信頼性が損なわれるおそれもあるため，そのような社内人材は調査チームに加えない。

調査環境の整備

Q6 適切な調査環境をどのように整備しますか。

◆A6◆

- 調査チームに必要な経営資源を，具体的には「予算」「人員」「時間」を提供する。
- 調査チームによる調査活動に対して関係部署の協力を得られる環境を整備する。

解　説 ●━━━━━━━━━━━━━━━━━━━━━━━━━━━━●

(1)　経営資源の提供

　充実した調査活動を行うには，調査チームに必要十分な経営資源が提供される必要がある。具体的には，調査活動に必要な「予算」「人員」「時間」が確保される必要がある。

　調査チームが適格な外部専門家を起用できるよう，コンプライアンス担当取締役は，必要な「予算」措置を講じる。予算額と決裁基準に応じて，決裁者は，執行役員コンプライアンス部長→コンプライアンス担当取締役→代表取締役社長→経営会議→取締役会と移行していく可能性があるが，調査の密行性との兼ね合いで，経営会議に至る手前で決裁できることが望ましい。

　「人員」とは，調査チームが必要な人材を社内外から調達できることを指す。人数だけでなく調査に必要なスキルも備えている必要がある。

　「時間」とは，適切な調査期間が設定される必要があることを指す。

外国公務員贈賄事案では，どんなに短いものでも3週間から1カ月程度の調査期間が必要になると思われる。もっとも，不適切会計が疑われて決算開示スケジュールとの関係で早く調査結果を監査法人に伝える必要がある場合や，ネット掲示板やSNSでちらほら騒がれていて広報マスメディア対応が急がれる場合など，外部環境によっては必ずしも十分な調査期間が確保できないことも実務上はあり得る。

(2)　調査への協力

充実した調査活動を行うには，調査チームが社内に存在するすべての客観的資料やデジタルデータにアクセスでき，これを保全収集して分析でき，また必要な関係者にヒアリングして事情を聴けることが必要となる。関係部署から調査への協力を得られる環境を整備し，調査の密行性を維持しながらも，関係部署に調査協力と情報管理を要請する。

調査の序盤では，財務経理部や情報システム部の協力を得ながら資料やデータを収集して分析することが中心になるが，中盤から終盤にかけては，調査対象となる部署，本件では本社海外事業部，AX社，B社長らに対し，必要な資料やデータの提出を求め，関係者のヒアリングを行うことになるが，自分らの責任問題への発展をおそれて調査に非協力的になる者が出てくることも想定される。

しかし，これらの関係者が調査に真摯に協力しなければ，調査により正確な事実を確認し，この重大事案に対するA社としての適切な経営判断の材料に供することはできない。必要に応じて代表取締役社長やコンプライアンス担当取締役から話を下ろす（あるいは業務命令を発する）などして，調査への真摯な協力を取り付ける。

　本件では，海外事業部は贈賄への関与が疑われるため，どのタイミングで社内調査への協力を求めるかは難しい判断である。原則としては，口裏合わせや証拠隠滅のおそれが低減した時点，つまり客観的資料やデジタルデータの分析が完了した時点が考えられる。もっとも，海外事業部の協力がなければ調査が進まない状況も想定され，その場合には，本件への関与の疑いが薄い役職員に協力を求めることが考えられる。

調査の手順

調査はどのような手順で進めますか。

◆A7◆

- おおまかでいいので，スケジュールとタスクを並べた調査計画を策定する。
- 客観的資料やデジタルデータが散逸や隠滅されないよう保全収集して分析する。
- 通報対象者以外の関係者を先に，通報対象者を後にヒアリングを行う。
- 調査の経過と，調査で確認された事実関係を，調査報告書に取りまとめる。

解　説

(1) 調査計画の策定

　調査を進めるには，闇雲に手当たり次第に調査に手をつけても非効率である。横軸に調査期間満了までのスケジュールを，縦軸に調査に必要なタスクを並べたガントチャートのような表を作成し，おおまかでいいので全体の手順を俯瞰した調査計画を立て，これを「見える化」して調査チームで共有することが有用である。

　この過程で，どの調査範囲（スコープ）を調査チームの誰が担当するかなどの役割分担も進められ，調査チームがチームとして組織的に機能し始める。

　そして，早い段階から仮説レベルでの事実関係を５Ｗ１Ｈで整理することを心掛け，把握できている／できていない事実，証拠で裏づけられている／裏づけられていない事実を色分けすることも，調査を効率的に

進めるために有用である。

(2) 客観的資料とデジタルデータの保全収集・分析

　調査活動は「物から人へ」というのがオーソドックスな方法である。物＝客観的資料とデジタルデータは動かないが，人＝関係者は時と場合に応じて語ることが変わるので，物への検証で先に動かぬ事実関係を固め，その隙間や事実の関連性を人へのヒアリングで埋めていくという手法をとる。

　調査に着手する時点では，不正の全貌はもとより，犯罪事実の細かな内容や動機，背景事情，共犯者の有無などはほとんどわかっていない場合が多い。初期段階では，保全した客観的資料やデジタルデータを分析し，これらを手がかりに，通常起こり得る事件の流れを時系列として想定しつつ，いまだ足りない部分は何で，その足りないピースを埋めるにはどのような調査を行うかという発想が不可欠となる。特に，犯罪の真の動機や他の事件関係者の存在，余罪事件の存否などは，複数の仮説を立てつつ，関係者のヒアリングやその裏づけ証拠により1つひとつ検証していき，最終的な事実を認定する。

　そして，物＝客観的資料とデジタルデータは，時間の経過により散逸・消滅（メールサーバの設定では一定期間経過により自動的に消去されるものがある）したり，調査対象者の妨害により隠滅されたりする危険を伴う。ゆえに，散逸や隠滅をされる前にいち早く保全して収集する必要があり，調査に着手すると同時にデジタル・フォレンジック専門業者を起用して保全するのが通例である。

⑶　関係者に対するヒアリング

　客観的資料やデジタルデータの分析および仮説の構築をもとに，まずは通報対象者（B社長）以外に対するヒアリングを実施する。通報対象者以外からヒアリングを実施するのは，通報対象者が否認することもあるので，周辺者からの供述を収集しておく（外堀から埋める）ためである。

　本件では，現地スタッフFやC総務課長からヒアリングを開始することが考えられる。その際，現地スタッフFやC総務課長には，このヒアリングを受けたことやヒアリングの内容を口外しないなどの情報管理をヒアリング時に要請する必要がある。

　とはいえ，調査情報がB社長に漏えいして証拠が隠滅されたり口裏を合わせられることも想定されるので，関係者のメールデータの保全を先に済ませておく，B社長と親密な関係にありそうな関係者（本件ではC総務課長）はB社長と同時刻に別の場所で一斉にヒアリングする，といった工夫をしながら進める。

⑷　調査報告書の作成

　調査活動の終盤には，調査の経過と，調査で確認された事実関係を，調査報告書に取りまとめる。その調査報告書は，最終的には代表取締役社長や取締役会に提出され，重大事案に対する経営トップの経営判断の材料に供される。調査報告書の精度は，役員が善管注意義務を果たすための支えとなる。加えて，調査報告書はステークホルダー（監査法人，

証券取引所，監督官庁，捜査機関など）に対して説明責任を果たすために活用されることも想定される。

　したがって，調査報告書は必要十分でロジカルかつステークホルダーの関心事に応える内容にする必要がある。外国公務員贈賄罪の犯罪構成要件に関わる内容でもあり，調査報告書の精度を上げるためには，外部弁護士の知見を活用することが必要である。

Q8 通報対象者に対するヒアリング

通報対象者であるAX社のB社長に対しては，誰が，いつ，どこで，どのようにヒアリングを行いますか。

◆A8◆

● ヒアリングの主体は，B社長よりも上位の役職者か，外部の弁護士が望ましい。

● ヒアリングの時期は，客観的資料やデジタルデータの分析が終了し，B社長が言い逃れをしても反駁できる材料が揃ってからが望ましい。

● ヒアリングの場所は，X国に出向いて行うか，あるいはB社長に帰国命令を出して本社で行う。コロナ禍で海外渡航制限がある場合は，リモート会議ツールを利用したヒアリングになることもやむを得ない。

● ヒアリングの内容は，録画・録音により保全することが望ましい。

解　説 ●━━━━━━━━━━━━━━━━━━━━━━━━━━━━●

(1) 誰　が

　ヒアリングの主体は，ヒアリング対象者よりも上位の役職者または外部の弁護士が望ましい。ヒアリング対象者と同等または下位の役職者では，真実を語らないことのサンクションをプレッシャーとして与えることが難しい。

　また，ヒアリングでは，必要十分な事実関係を聴き出すとともに，客観的資料やデジタルデータと矛盾する点を指摘したり，ロジカルに矛盾する点を突いたりして，不合理な弁解に対応していくことも求められ，

法廷での証人尋問でスキルを磨いた弁護士の知見を活かすことが有用である。

(2) い　つ

　ヒアリングの実施時期は，客観的資料やデジタルデータの分析が終了し，通報対象者以外のヒアリングも終了した段階で，もしB社長が言い逃れをしても反駁できる材料が揃ってからが望ましい。

(3) どこで

　ヒアリングの場所は，B社長が所在するX国に調査チームが出向いて行うか，あるいは，B社長に帰国命令を出して日本の本社で行うことが考えられる。

　事実の核心に迫るヒアリングは，実務の経験則上，同じ部屋に入って相対して対面で行うことが有効である。

　もっとも，コロナ禍において渡航制限がある場合は，リモート会議ツールを利用したヒアリングになることもやむを得ない。その場合には，通報対象者の横に現地の弁護士を同席させるなどして，通報対象者が一定の緊張感をもって言い逃れできない状況でヒアリングに臨む環境を作る。

(4) どのように

　ヒアリングの内容は，極めて重要な証拠となるので，録画・録音を確

実に行う。

　録画・録音することは，ヒアリング対象者にも告知する。録画・録音に対象者の許可を要するわけではないので，「録画・録音してよろしいですか？」と尋ねる必要はなく，「記録のために録画・録音します」と告げれば足りる。仮に，通報対象者から「録画・録音しないでほしい」との申出があった場合は，「職務として記録に残すために必要なので録画・録音します」と再度告げて録画・録音を開始する。

　もし仮に，録画・録音するならヒアリングに応じないといわれた場合には，調査への協力を業務命令として課し，その業務命令違反として懲戒処分を検討することもあり得るが，何よりもヒアリングを実施することを優先し，録画・録音せずにヒアリングすることも含めて臨機応変に対応すべきである。

③　贈賄の事実が確認された後の対応

Q9　捜査機関への自主申告の判断

> 本格的な社内調査の結果，AX社のB社長が税務職員から300万円相当の賄賂を要求され，1億円相当の課税処分を500万円相当に減額してもらうことと引き換えに贈賄の意思決定をしたこと，C総務課長がAX社の銀行口座から出金して300万円相当の現金を準備したこと，現地スタッフFがこの現金を運んで税務職員に直接交付したこと，この300万円相当の支払については後日消耗品費として経費処理したこと，等の事実関係が確認されました。この贈賄行為について捜査機関に自主申告するかどうかを，どのようなプロセスで判断しますか。

◆A9◆

- B社長の犯罪事実が確定したので，両罰規定で自身も罪に問われ得るA社の経営陣として，捜査機関に自主申告するかどうかを判断する。
- 経営判断に必要な情報を収集し，十分に分析・検討した上で，取締役会に議案として上程し，取締役会で意思決定する。
- 捜査機関に自主申告するのであれば，AX社で本件の贈賄以外に類似事案がないかの件外調査と，AX社における再発防止策の実施は必須となる。
- 日本の法令とは別に，X国で犯罪が成立するか，その他の国の法令が域外適用されるかなどは，個別に検討して判断する。

解　説 ●───────────────────────────●

(1)　捜査機関への自主申告の判断

　調査の結果，Ｂ社長の犯罪事実が確定したときには，両罰規定でＡ社自身も罪に問われ得る状況となり，Ａ社の企業価値が著しく毀損しかねない重大な局面を迎える。そこで，Ａ社の経営陣としては，適切な「危機管理」を行ってＡ社が被るダメージを最小化する方策を検討する必要がある。もし経営陣が危機管理に失敗して企業価値をさらに毀損させたときには，そのことが善管注意義務違反となり法的責任を問われるおそれもある。

　この局面で最も重要な経営判断は，捜査機関に自主申告するかどうかである。それぞれの判断の論拠を整理すると，次表のとおりである。

【捜査機関への自主申告の判断】

	論　拠
自主申告する	●わずか300万円の贈賄という軽微な事案だからこそ，司法取引を積極的に活用し，Ａ社の不起訴を目指すべきである。 ●いつ捜査機関が本件を把握してＡ社に対して強制捜査（関係者の逮捕，関係先の捜索・差押え）をしてくるか予測がつかない。自主申告すれば捜査の予測がつくので，心配から解放されて経営に専念できる。 ●経営陣が従業員の犯罪を知りながら隠ぺいしたという風評が拡がれば，Ａ社のレピュテーションは大きく毀損する。自主申告すれば，マスメディア対応もイニシアティブを持って有利に進められる。 ●経営陣が自主申告すれば，外国公務員贈賄を二度と繰り返すまいという経営陣の強い意思がＡ社グループ全体に伝わり，再発防止に万全を期すことができる。逆に自主申告せずに本件を隠したまま再発防止を

	講じても，その実効性は大きく削がれる。 ●経営陣が自主申告せずに内々に処理すれば，これに不満を抱いた通報者や関係者が，捜査機関や報道機関に内部告発するおそれがある。
自主申告しない	●わずか300万円の贈賄という軽微な事案であり，そもそも不問に付される可能性も相当程度あるから，わざわざ自主申告して不幸を呼び込むことはない。 ●もし後日捜査機関から強制捜査を受けることになっても，その段階で最善の対応をすればさほど問題はない。 ●そもそも会社に犯罪の申告義務はないのだから，自主申告しないことが犯罪の隠ぺいという非難は的外れであり，A社のレピュテーションが大きく毀損することはない。 ●経営陣が自主申告しなくても，関係者の厳正な処分や再発防止策の実行など適切な社内対応をしておけば，企業価値は回復できる。通報者や関係者が不満を抱くこともない。

　こうして双方の論拠を比較検討したときに，ほとんどの事案では捜査機関に自主申告するほうがより合理的な経営判断であり，より適切な危機管理である，というのが本書の立場である。

(2)　取締役会での意思決定

　本件について捜査機関への自主申告をするかどうかは，A社の企業価値を大きく左右する重要な意思決定である。

　したがって，取締役会に正面から議題として上程し，調査チームが作成した調査報告書の他，危機管理や外国公務員贈賄，刑事弁護や司法取引に精通した弁護士の法律意見書，監査法人の意見，税務専門家の意見なども判断材料に供した上で，取締役会で社外役員の知見や経験もとり

入れて徹底的に議論し，取締役会として責任ある経営判断を下すべきである。

　もっとも，忌憚のない意見を取り交わして充実した議論をするために，取締役会の他に議論の場を作り議事録も残さないという場面設定を考えてもよい（この場合でも最終的には必ず取締役会で意思決定すべきである）。あるいは，機密情報の管理という観点からは，取締役会で議論する際に陪席する事務局スタッフを退席させることも選択肢である。

　なお，関係者が先に捜査機関に自主申告しそうな動きがあるなど，A社として自主申告する必要性と緊急性が高い場合には，先に代表取締役社長の判断で自主申告を行い，取締役会には事後に承認を求めるという対応も例外的に許容される。

(3)　件外調査と再発防止策

　仮に捜査機関に自主申告するという意思決定をしたのであれば，A社としては，AX社で本件の贈賄以外に類似事案がないかの件外調査をすることは必須となる。捜査機関から「他にはないですか？　それはどのようにして確認したのですか？」という質問を受けるのは必至だからである。

　また，AX社における再発防止策を策定し，それを実行することも，A社グループのコンプライアンス体制の改善のために必須となる。改善状況はA社にとって有利な事情として，捜査機関に対してアピールできる。

⑷　日本以外の法令適用

　日本の法令とは別に，X国で犯罪が成立するか，その他の国の法令が域外適用されるかなどは，個別に検討して判断する。

　これを判断するについては，日本，X国，その他の国の外国公務員贈賄罪や捜査機関への対応に精通した弁護士の助言を得ることが必要である。

Q10 会計処理における事後対応

AX社が行っていた500万円相当の納税と，300万円相当の消耗品費としての経費処理については，どのような事後対応が求められますか。

◆A10◆

- もし1億円相当の課税処分が合理的なものであり，500万円相当への減額が贈賄の対価としての不当な便宜供与であったと合理的に判断されるのであれば，差額9,500万円相当を適正な税額として会計上も認識し，これを追加納税する，あるいは引当金として計上する。もし1億円相当の課税処分が不合理なものであれば，このような扱いは不要となる。
- 300万円相当を消耗品費として経費処理していたことは，事実と異なる不適正な会計処理になるので，過去に遡及して会計処理を訂正する。
- こうした事後対応を行う際には，X国の税務専門家や会計事務所とよく協議して対応する。

解　説 ●━━━━━━━━━━━━━━━━━━━━━━━━━━━━━●

(1)　納　税

　もし1億円相当の課税処分が合理的なものであり，500万円相当への減額が贈賄の対価としての不当な便宜供与であったと合理的に判断されるのであれば，X国の税務当局から追徴課税されるおそれがあり，また脱税として処罰されるおそれもある。

　したがって，A社としては，贈賄がなかったとした場合の本来の課税

処分額1億円を前提として，差額の9,500万円相当を適正な税額として会計上も認識し，これを追加納税する，あるいは引当金として計上することについて，監査法人と協議することが現実的な事後対応である。

　もし1億円相当の課税処分が不合理なものであれば，このような扱いは不要となる。

(2)　経費処理

　本当は贈賄として支出した300万円相当を，消耗品費として経費処理していたことは，事実と異なる不適正な会計処理になるので，過去に遡及して会計処理を訂正することになる。

　そして，賄賂供与時と発覚時の会計年度（もしくは決算区分）が異なる場合，一般論として，海外子会社AX社の決算であっても，親会社A社の連結財務諸表に影響を及ぼすおそれがあり，過年度決算の修正が必要となることがある。すなわち，有価証券報告書に記載すべき重要な事項の変更その他公益または投資者保護のため当該書類の内容を訂正する必要があるものとして内閣府令で定める事情があるときは，提出者はその訂正有価証券報告書を提出しなければならない（金融商品取引法24条の2第1項，7条1項，9条1項，10条1項）。

　親会社A社が訂正有価証券報告書を提出しなければならないか否かは，連結財務諸表への影響に「金額的重要性」ないし「質的重要性」が認められるか否かにかかってくる。仮に訂正金額が300万円相当という金額であれば，親会社A社にとって「金額的重要性」は認められないことがほとんどと思われる。もっとも，仮に親会社A社の経営陣が関与（事前指示，事後承認など）していたような場合には，「質的重要性」が認め

られることもあるので，この点は慎重に調査して見極める必要がある。

　もし仮に，いずれかの「重要性」が認められ，訂正有価証券報告書の提出が必要となる場合には，社内の調査チームによる調査報告書だけでは，監査法人から不十分と指摘される可能性が高い。そこで，外部の利害関係のない専門家から組成する特別調査委員会や第三者委員会を設置する必要も生じる。

　この点，日本公認会計士協会は，「社外取締役等の調査に関連し，第三者委員会の活用については社外取締役等を中心とした危機管理のための役割を検討し，企業等不祥事の発覚時における第三者委員会設置の判断，委員の人選等の権限を社外取締役等に付与する等，会社のルールとして制度的な準備をしておくなどの検討が必要ではないかと考える。」という提言を行っている（日本公認会計士協会「不適切な会計処理に係る第三者委員会への対応について」（2013年5月17日））。

(3)　税務専門家や会計事務所との協議

　上記のような税務判断や会計判断を行う際には，X国における税務や財務の実務がどのように行われているかを十分に情報収集して，適切に税務当局対応する必要があり，X国における税務専門家や会計事務所とよく協議して対応する必要がある。

コラム④ 「Systemic」になりつつあるベトナムの贈収賄 (VN ver.4, Clear ver.)

　日本の行政職員は，大使館などの在外公館や独立行政法人日本貿易振興機構（JETRO），独立行政法人国際協力機構（JICA）など，様々な組織へ送られるケースが少なくない。例えば，自衛隊員や警察官は治安に課題を抱える国の日本大使館へ，法律面でリサーチが必要な場合は法務省に転籍させてから出向，などである。

　東南アジアでも，こうした方々は散見された。なかでも印象的だったのは，ベトナム・ホーチミン（HCMC）のJETRO事務所に派遣された法務省職員のK氏。JETROシンガポールが2016年にマーケティングで企画したイベントに東南アジア各国に点在する事務所から調査担当者が集う催しがあり，K氏も会場となったシンガポール島の日本人会館にHCMCからお越しになっていた。のちに，ご本人から「原籍は某官庁（ご本人は実名を挙げた）」と聞いた。イベントの合間，会場扉の外側で名刺交換した時から，何となく気になる存在だった。

　個別にK氏とメールで連絡を取り，ミーティングのお願いをしたところ，「ぜひ会いましょう」と返事があった。HCMCを訪問する日時を決め，K氏と市内でお会いした。その後も在任中は，筆者がHCMCを訪れるたびにお話の機会をいただいた。夕食の時もあればお昼をご一緒することもあった。

　特に惹かれたのは「K氏の目」だった。初回にシンガポールで会った時に感じた威圧感の正体は，その目つき，「口は笑っているのに目が笑っていないとはこのことか」と驚くほど鋭かった。

　都合4回目の面談は，HCMC市内の「日式」居酒屋に案内された。「メザシ」「マグロ刺身」「コロッケ」など，ここは新橋かと思うほどの懐かしいメニューが並び，それでいて地場のビールは日本より圧倒的に安かった。周囲は日本人ばかり，ワイワイ騒がしかった。

　K氏とカウンターに並んで座る。横目に顔を覗くと，目はやはり笑っ

ていない。話しぶりは楽しそうで，緩んだ頬からそれとわかった。アル
コールが進むうち，K氏が「僕ってどう見えます？」と聞いてきた。彼
が聞きたいことはわかっていたが身構えて，どうってどういうことで
す？　と返した。「いやね，周りから『もう少し優しい顔になりな
よ』っていわれるんですよ。僕怖いですか？」

　そういわれると，こちらもついつい答えてしまった。ん〜ん，怖いっ
ていうか目が笑ってないっていうか……職業柄かもしれませんが。顔全
体は笑っているんですよ，と答えるのが精一杯。「あ〜，みんなによく
いわれるんです。佐藤さん（筆者）にもそう見えますか？　おかしいな
あ。カミさんからも『もっと笑え』っていわれちゃって」とぼやいた。
「これでどうです？」と，さらに頬を緩めるK氏。そういいながらも，
目は何かを睨んでいることに変わりはなかった。

　そのK氏から聞いた話である。ある時，日本の地方都市から来た錦鯉
の組合がベトナム首都ハノイ北部のハイフォン港から電話をかけてきた
という。錦鯉を現地での展示会に出展するのに，港に荷揚げしようとし
たところ，税関職員から賄賂を要求されたらしい。電話口の組合員がい
うには1匹100万円の錦鯉に80万円の賄賂を税関職員に要求されている，
というのだ。組合員が，遠く離れたHCMCにK氏がいると知っていた
ことにも驚いたが，もしかするとその錦鯉組合の人は，日本の当該官庁
職員が駐在していることを誰かから聞いて，慌てて電話をかけてきたの
かもしれない。当時も今も，東南アジアは錦鯉がブーム。ベトナムでの
展示会も，そのブームに乗って開催されたものだった。

　ベトナム南部のHCMCと北部のハノイ間は直線でも約1,600キロ。K
氏は飛行機に乗って翌日には駆けつけると，一目散にハイフォン港に行
き，ベトナム側の税関職員と交渉したという。「あの目」で迫られたら
どうしようもなかろう，と筆者はK氏の話を聞きながら思っていたら，
案の定，ベトナム職員は賄賂要求を引っ込めたという。

　「ここの賄賂要求は際限がないんです」と，K氏は吐き捨てるように
いった。その言葉で意識が居酒屋に戻った。

　ベトナム側にも言い分はある。ハノイにある国家監察省（Government Inspectorate of Vietnam, GIV）中堅職員と話す機会があった。国家監察省は，日本の会計検査院に，贈収賄を扱う部署が一緒になった官庁。別の知人の紹介だったにもかかわらず，筆者はこのミーティングにかなりビクビクしていた。自身が手がける仕事はベトナムでは違法すれすれのグレーゾーンに位置しているからだ。相手は国家の監察官。同省職員に会って自分の仕事を質されれば，身柄を拘束されるリスクがあった。

　同省職員に呼ばれた先は同省ビル。東京・大手町に近い街並みをイメージしていたが，大違い。観光地で有名なホーチミン廟から西へ5キロほどいった，ハノイの中央官庁街から少しはずれたところに，目指すビルがあった。高層ビルが立ち並ぶ地区だったが，雰囲気は薄暗く寂しげで，周囲の「気」も悪かった。ハノイは街全体が何となく暗い。3月という時期も悪かったのかもしれない。曇天が続く春先は，しかも肌寒かった。

　GIVの11階建てビル（例，https://www.phnompenhpost.com/international/vietnam-finds-over-4b-involved-economic-violations-q1）に入ると，中はやはり薄暗い。紹介した知人は「ベトナムの政府系ビルはみんなお化け屋敷ですよ」といっていたのを思い出した。中央ロビーは8階相当くらいまでが吹き抜けで，気味悪さに拍車をかけた。風水師から「建物の真ん中が空洞なのは気が悪い」と，昔聞かされたことが自身の気持ちに影響したのかもしれない。シンガポールのほとんどのビルは，風水師が建物の方角を決めていたことを，その時思い出した。

　ロビーから改めてひと階ごとに見上げていくと，各階回廊にはドアごとに番号が振ってあった。相手からのメールを携帯電話でチェックするも目指す番号の記載がなく，ロビーを見回しても受付や案内板がない。迷子になっていると，階上から「ハイ，アー・ユー・サトーサン？」と掛け声。どうやら英語は話すらしい。そのGIV職員は筆者の立つ1階ロビーまで降りて来てくれ，たしか3階に位置する彼の部屋に入った。ソファーには彼の配偶者と思しき女性が座っていた。紹介知人の話では，

配偶者は弁護士で，面談は「何か一緒にできないか」ということで設定されていた。

机を挟んで向かい合って座る。面談では，彼らがやっていることと，筆者が対応できることを交互に説明した。自身の身柄拘束の心配はないだろうと思い始めたころ，会話が別方向に流れたので，思い切って贈収賄の話を一般論として振ってみた。

彼によると，ベトナムの贈収賄はシステムとして成り立っているようだった。上司は部下の面倒をみる，つまり昇進の手伝いをすることを迫られているという。この手間賃として給与の「天引き」は上司にとって当たり前。その天引き分を，そのまた上に上納することで部下の何人かが昇進に成功する，という。天引きされる部下は，外界で贈賄要求をする。ネズミ講のような話だった。

「だから我々が間引いているわけではない」。そうGIV職員は主張した。一方，紹介知人のアドバンスト・ワーニングや当人たちの話の端々から考えて，夫婦は市井のベトナム人ではとても住めないマンションに住んでいるようだった。給与以外の副収入があると考える他あるまい。

贈収賄を語る業界では「systemic fraud」が1つのバズワードになっている。Webサイトで適当な定義が見当たらないが，カナダ・オタワのITリスク・ソリューション会社「Resolver」によると，"one of the cornerstone risks that every business should look out for, regardless of whether it's a small 10-person shop or a mammoth 10 million employee corporation. There will always be people looking to cut corners to expedite operations, but this sloppiness can leave businesses open to significant risks"（抄訳：10人単位の小規模であれ従業員が全世界1,000万人に上る大企業であれ，企業が追求すべきリスクは「制度リスク」と呼ばれるものである。業務をところどころ端折ろうとする人は常に存在するからで，端折ることによるリスクは計り知れないほど大きい）（https://www.resolver.com/blog/systemic-fraud-what-to-look-out-for/）とある。つまり「systemic fraud」は制度の隙間を突いてなされ

る贈収賄を指し，規模を問わずどのサイズの企業でも起こり得る，ということになる。

　同じ東南アジアでもシンガポールは，例えば住宅開発庁（Housing & Development Board，HDB）をめぐる政府部内，あるいは入居希望者のcitizen（国民）との不正（過去の新聞やテレビには類似事例が複数確認される）にみられるように，手法がより「洗練」されて表面化しにくい。フン・セン首相を戴くカンボジアはベトナム以上に露骨で，これも事例はたくさん確認される。やはり「際限がない」と吐き捨てたK氏の見方は正しい，といえる。

　それにしてもあの目つきは職業特有なのか，それとも地なのか。

ケース2 贈賄要求への対応と合意制度の活用

＜事案の概要＞

あなたはB社の取締役コンプライアンス部長です。

B社は，Cを社長とし，石油化学関連プラントの建設・メンテナンス業を営む上場会社です。国内の他，Y国のBY社を含む複数の海外子会社を有しています。海外におけるプラント建設は，エンジニアリング本部が所管しています。B社のコンプライアンス規程は外国公務員に対する贈賄を禁止しており，海外子会社にも同規程が適用されます。

B社は，Y国で，現地の会社と合弁会社を設立し，石油精製プラントの建築工事（以下「本件工事」という）を受注しました。D取締役エンジニアリング本部長は本件工事の統括責任者として，エンジニアリング本部のE係長のチームをY国に派遣し，B社の海外子会社であるBY社の現地従業員兼通訳人Fもチームに加わりました。

本件工事の資材はY国の港で輸入手続を行いました。その後，貨物を艀（はしけ）に積み替え，現場付近の川沿いの仮桟橋で陸揚げし，現場に運搬しようと，Dは，陸揚げ許可権限を有するY国公務員であるZに対し許可申請を行いましたが，過積載であったため，Zは，EとFの同席の下で，過積載のため許可できない，許可するには2,000万円相当が必要と賄賂を要求しました。

Eはただちにこの経緯をDに報告し，過積載は事実であり貨物の積み直しと再申請が必要であるが，そうなると約5億円の追加費用が発生すると説明しました。DはEに対し，海外出張中のC社長と相談するまで

賄賂の支払を引き延ばすよう指示しました。

　3日後，EはFとともにZに呼び出され，すぐに支払うよう脅されたため（Fが面談状況を録音した），Eはこれ以上の支払引き延ばしは困難と考え，Dに2,000万円支払の了承を求め，Dはこれを了承しました。

　Eは，B社の現地口座から2,000万円相当の現金を引き出し，Eの指示により，FのみがZの事務所で現金をZに手渡しました（Fは面談状況を録音した）。

　Dは海外出張から戻ったC社長に対し，「本件工事に関して部下が賄賂を支払ってしまった」と報告しました。C社長は激怒して徹底調査を指示，本社にあなたを中心とした調査チームを組成して調査を実施し，上記事実が認定されました。

＜関係図＞

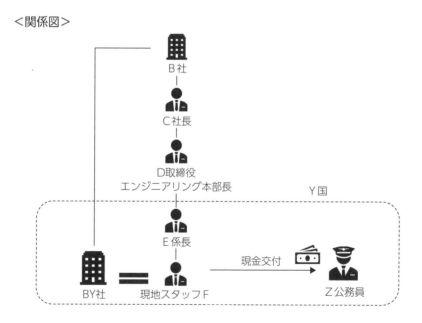

1 贈賄要求への対応

賄賂要求への基本的スタンス

本件では，Zからの賄賂要求を受けたB社は賄賂を支払ってしまいましたが，本来であれば，B社はどのような対応をしておくべきでしたか。

◆A1◆

- 外国公務員から強く要求されて賄賂を支払った場合であっても，従業員の生命・身体・自由に直接危害が加えられる具体的なおそれがある場合を除いて，外国公務員贈賄罪が成立する。

- 本件では，生命・身体・自由に直接危害が加えられる具体的なおそれはないため，Zへの賄賂の支払について，外国公務員贈賄罪が成立する。

- いったん賄賂を支払えば，要求がエスカレートして，贈賄を継続してしまう危険性がある。そのため，Eから相談を受けたDは，Eに対して絶対に賄賂を支払ってはならないと指示するべきである。

- Dはただちにコンプライアンス部長に相談し，C社長に報告し，会社としての組織対応に移行する。

- B社は，経営トップであるC社長の指揮下で，組織的に有事対応を行う。

- C社長は，会社に損害が発生したとしても賄賂の支払を拒否する方針を明確に示す。

- あなた（取締役コンプライアンス部長）は，外国公務員贈賄への対応や危機管理の専門的知見を有する弁護士から助言を得る。

- Zに対する支払拒否の交渉は，E，Fや現地従業員等の生命・身体・自由の安全を確保して行う。

- 交渉担当者からEとFを外し，適切な担当者を選ぶ。交渉には現地弁護士も同席させ，録音する。

解　説 ●————————————————————————●

(1)　要求に応じて賄賂を支払った場合の外国公務員贈賄罪の成否

　外国公務員から強く賄賂を要求され，会社の財産上の損害を防ぐ目的で賄賂を支払った場合であっても，「不正な利益を得る目的」が認定され，外国公務員贈賄罪が成立する。ただし，要求を拒絶すると，従業員の生命・身体・自由に直接危害が加えられる具体的なおそれ（現実的な危険性）がある場合は，支払はやむを得ないもの（刑法上の緊急避難）として許容される。

　したがって，この例外事由に該当する場合を除き，要求に応じて賄賂を支払ってはならない。

(2)　本件における外国公務員贈賄罪の成否

　本件では，EはZから賄賂要求を2回受けている。特に2回目は，Zから呼び出され，すぐに賄賂を支払うよう脅されている。しかし，E，Fその他従業員の生命・身体・自由に対して直接危害が加えられる具体的なおそれがあったとはいえない。したがって，Zに賄賂を支払ったF，これに加担したE，承認したDには外国公務員贈賄罪が成立する。

　また，B社は，贈賄によって過積載という現地法令違反を見逃してもらい，本来得られないはずの陸揚げ許可を得ただけでなく，過積載の是正等に要する追加費用の負担を免れており，不当な経済的利益を享受している。Zから強く支払要求を受けたとはいえ，このような贈賄行為は許容されるものではなく，絶対に行ってはならない。

(3)　要求に応じた後の贈賄継続リスク

　腐敗が深刻な国・地域では，いったん要求に応じて賄賂を支払ってしまうと，その後，賄賂支払要求がエスカレートすることが多い。これは反社会的勢力の不当要求と同じ構図である。些細な因縁をつけられて賄賂を要求されたり，より多額の賄賂を繰り返し要求されたりするようになる危険がある。また，賄賂の支払が社内で承認されることにより，現地担当者はそれが会社の方針であると受けとめることになり，その後も贈賄が継続してしまう危険がある。

(4)　現地担当者からの報告に対する本社上司の指示と社長への報告

ⅰ）現地担当者への指示

　外国公務員贈賄罪は，贈賄行為を実行した個人の犯罪であると同時に，会社の犯罪でもある。賄賂の支払は企業グループ全体の重大なリスクとなる。そのため，外国公務員から賄賂要求を受けているという相談を現地の担当者など，部下から受けた本社上司は，その担当者や他の従業員の安全を確認した上で，会社の贈賄禁止方針を明確に伝え，要求には絶対に応じないよう指示を徹底する必要がある。その際に，担当者等を孤立させないよう，会社が組織的な対応を行うことを伝えて安心させることが不可欠である。

　本件では，Ｄは，Ｅから初回の相談を受けた際に，Ｃ社長が帰国するまで時間稼ぎをするよう指示しただけで，「わが社は外国公務員への贈賄を禁止している」「Ｚの要求に応じてはならない」という会社の贈賄

禁止方針に基づく明確な指示をしなかった。こうしたDの曖昧な指示と徹底感を欠く態度が2回目のEの承認要請を招き，Dはずるずると賄賂支払を承認するに至ったといえる。Dとしては，上記のとおり，会社の贈賄禁止方針に基づき賄賂を絶対に支払わないよう指示し，Zの賄賂要求に対して組織的な対応を行うことを伝えて，Eを安心させることが必要であった。

　また，Dは本件工事の統括責任者として，Eに対して，賄賂支払拒否後の対応策の検討指示を行うべき立場にある。例えば，貨物を積み直して再度の許可申請を行った場合の段取り，スケジュール，費用の試算，再度の不許可となる場合を想定し，資材運搬の代替手段等のリサーチなどを行い，本件工事へのダメージを最小化する方向に舵を切ることが必要である。

ⅱ）本件での社内報告

　外国公務員からの贈賄要求の相談を現地担当者から受けた本社上司は，ただちにコンプライアンス部長への相談，社長への状況報告を行い，会社として組織的な有事対応を開始する必要がある。

　本件では，海外出張中のC社長に対してすぐに詳細な報告を行うことは困難であった。しかし，Dは取締役であり，C社長が不在だからといって，適切な判断・指示ができないのでは，現地にいる社員が相手の要求にずるずると応じてしまう危険がある。Web会議等を設定してC社長に可能な限り速やかに第一報を行い，対応方針の確認，指示を受け，コンプライアンス部長と連携して，弁護士から助言を受けながら，組織的有事対応の準備を進めることが必要である。

(5)　組織的な対応の必要性

　外国公務員による賄賂要求への対応を現地の役職員に委ねると，彼ら
を孤立させることとなり，その要求に屈してしまう危険性を高める。役
職員を犯罪の危険に晒すという労働・人権問題にもつながりかねない。
また，賄賂の要求を受けた事業部門では，ビジネスの推進を最優先して
しまう危険があり，当該部門に対応を任せることは適切ではない。した
がって，外国公務員等から贈賄要求を受けた場合，会社が組織的に有事
対応を実施し，支払を拒否する必要がある。

　具体的には，日本本社に危機管理本部を設置し，現地には対策本部を
設置して対応責任者（通常は海外子会社の社長等）を選定し，リアルタ
イムで情報共有できる体制を作る。本社危機管理本部には危機管理に専
門性のある弁護士を，現地対策本部に現地の刑事事件に強い弁護士を置
き，緊密な連携の下で，アドバイスを受けながら対応する。

(6)　有事対応のポイント

　有事対応のポイントは，ⅰ）トップメッセージの発信，ⅱ）事実関係
の確認・把握，ⅲ）有事対応の記録化である。

ⅰ）トップメッセージの発信
　有事対応はトップ主導で行わなければならない。「絶対に要求に応じ
ない」というトップメッセージを現地対策本部に対して直接伝えるとと
もに，「自身が責任を持って現地従業員を守る」ことを現地従業員に伝

え，安心させることが重要である。

　また，トップは対応方針として，①支払を拒否すること，②その結果，会社に財産上の損害が発生しても担当者の責任を問わないこと，③その後の建設工事の遅滞を含むビジネスへの悪影響等も含め自分が責任を持つことを示し，ぶれない姿勢を現場に示すことが重要である。

ⅱ）事実関係の確認・把握

　事実関係の迅速かつ正確な確認・把握は，適切な有事対応の前提条件となる。情報伝達ルートの一元化，弁護士等の専門家の配置による事実関係の把握が必須となる。

　本件において確認を要する事項は，過積載の事実の有無，現地での過積載に関する他の事例のリサーチ，Ｚとのやりとりに関する事実関係，許可申請関連手続，Ｙ国の警察の対応や腐敗状況などである。さらに，許可条件に関するＹ国法令等のリサーチを行い，現地弁護士の助言を得て，本件が許可条件違反に該当するか否かを判断する。

ⅲ）有事対応の記録化

　有事対応の記録化は不可欠である。賄賂要求行為を録音するなどして証拠化することで，要求の拒否を容易にする。また，賄賂要求行為に対して支払を拒絶したにもかかわらず，贈賄行為の嫌疑を受けた場合，外国公務員と賄賂の支払要求をめぐるやりとりをした従業員等の身の潔白の証明を可能とするものにもなる。

⑺　支払拒否のための交渉

ⅰ）適切な交渉担当者の選任

　Eは本件工事の現場責任者であり，プロジェクト推進を最優先したり，過積載の是正による追加費用発生の回避を目論むことが考えられ，Zに対して最も支払を拒否しにくい立場にある。

　B社は，交渉担当者として，現地の刑事事件や警察関係に強い弁護士，本社から本件プラント工事に関わっていない適任者を選任し，両名がチームとなってZへの対応に当たる体制を作ることが望ましい。しかし，新型コロナウイルス感染拡大防止のため出入国者について一定期間の隔離措置を取っているなど，すぐに本社から交渉担当者を派遣してY国に入国させることは難しい場合がある。そうした場合，本件工事に直接関与していない現地の役職員（例えば，BY社の社長）や近隣の国・地域の役職員の中から適任者を交渉担当者として選任することが考えられる。Eは，Zに対して，本社（または近隣国等）から交渉担当者が入国するため自身は交渉権限がなくなった旨を伝え，Zとの直接の接触を避けて時間稼ぎをすることが考えられる。

ⅱ）交渉の戦術

　本件事案において，交渉担当者として現地の刑事事件に強い弁護士が存在すること自体が交渉カードとなり得る。また，弁護士を通じて警察に相談することや，警察への相談を可能とする賄賂要求の録音の存在の示唆等を行うことが考えられる。

② コロナ禍で渡航制限がある場合の社内調査の進め方

コロナ禍での社内調査

> Zに賄賂を支払ったため本社調査チームが調査に乗り出しましたが，Y国と日本は，新型コロナウイルス感染拡大により，出入国時の検査陰性証明と10日間の隔離措置を行い，外国人の入国を厳しく制限しています。本社調査チームはどのような点に留意して調査を進めますか。

◆A2◆

- 外国公務員贈賄事案の調査は本社主導で進め，調査チームは本社メンバーで組成し，現地滞在従業員を加えないのが原則である。
- 調査メンバーに，贈賄の関与が疑われる者を加えないよう注意する。
- 感染症の拡大等により現地に調査チームを派遣できない場合，現地で十分な調査を行うために現地滞在従業員の中から調査に協力するメンバーを選定する。
- 現地の弁護士も調査メンバーに加え，現地調査や現地法令についての助言を得る。
- 現地に滞在する重要人物のヒアリングは，本社調査チームがWeb上で行い，現地の弁護士も同席させ，ビデオ録画する。
- 本社からの遠隔調査となるため，調査の合理化等の工夫を行う。

解　説

　以下では，主として日本の不正競争防止法違反（外国公務員贈賄罪）の問題として論じる。

(1) 調査チームの組成

外国公務員贈賄事案は，対応を誤ると企業グループ全体が危機に直面することになる。そのため，社長が対応方針を明確にし，本社主導の危機管理の一環として調査を進めることが必要である。

調査は独立性を確保して進めるべきであり，調査チームは本社メンバーで組成する。事案への関与が疑われる人物，事案の発生部署やチームに所属する従業員，これらの従業員のレポート先は調査チームに参画させるべきではない。また，現地滞在従業員についても，調査チームに参画させないのが原則である。

本件は，B社本社の取締役であるDが関与した重大事案であり，社長をトップとした危機管理を行うべき事案である。調査チームは本社取締役であるコンプライアンス部長（あなた）をトップとして組成し，E，Fを含む本件工事のプロジェクトチームメンバーおよびBY社の役職員は調査チームに加えないのが原則である。

(2) 現地における調査協力者の選定

設問のとおりY国への入国のために10日間の隔離期間が設定されている場合，本社調査チームのメンバーがY国に赴き，現地で証拠物の確認・収集やヒアリングを行うことは現実的ではない。また，重大事案である本件事案の有事対応として遅すぎる。そのため，本社調査チームの指示に従って，調査協力ができる人物を担当者としてBY社の役職員（本件事案への関与が疑われる者を除く）の中から選定する必要がある。

現地協力者は，現地で証拠物の確認・収集を行い，関係者へのヒアリングの段取りを調整する役割を担う。

⑶　現地弁護士との連携

　現地の法令・慣習等に精通している現地の弁護士を選任して調査メンバーに加え，調査を進める上での助言を受けるなどの連携を図ることが望ましい。特に，本件事案においては，日本法の外国公務員贈賄罪のみならず，現地刑法により刑罰が科せられる可能性があるため，現地の弁護士から，現地刑法や刑事訴訟法に関する助言を受けることも重要である。

⑷　現地滞在従業員に対するヒアリング

　本件では，贈賄への関与が疑われる者や事情を知っている可能性がある者は現地（Y国）に滞在している。これらの者へのヒアリングは事案解明の要となる調査であり，本来，本社調査チームが現地にて実施するべきで，現地の調査協力者や現地弁護士に一任することは適切ではない。

　しかし，新型コロナウイルスの感染拡大防止措置等により本社調査チームの速やかな現地入りが難しい場合には，調査の迅速性を優先し，本社調査チームがWeb会議にてヒアリングを実施するべきである。ヒアリングの状況は録画して記録を残す。

(5)　現金供与した現地従業員に対するヒアリング

　現地従業員へのヒアリングでは，現地弁護士のサポートを得ることも必要である。本件事案では，現地従業員であるFのみが賄賂の授受に立ち会っており，その裏づけとなる証拠の確保が不可欠である。ZとFとのやりとりの録音データ等があり，これらによって賄賂の授受が認定できれば証拠上問題はないが，そうした会話は録音されていないことが通例であり，Fへのヒアリングが極めて重要となる。本社チームがWeb上で実施するヒアリングは，現地弁護士の同席の下で行うことが望ましい。

　ヒアリングでは，賄賂の授受の場面についてオープンな形で自由に話をさせること，Fが金を抜き取っていないこと（賄賂支払の名目で金銭を横領する事案もみられるからである）やZが現金を受け取る際の言動など，贈賄行為の認定に必要な事項を丁寧に確認することが重要である。

(6)　調査の合理化等の工夫

　不正調査においては，まず客観証拠を収集，精査し，その内容を踏まえて周辺から事実関係を固め，中心人物へのヒアリングを行うのが定石である。

　しかし，本件は，現在進行中に近い事案であり，中心人物であるEは現地のプロジェクト責任者として仕事をさせながら調査に協力させなければならない。さらに，新型コロナウイルスの感染拡大防止措置等によって本社調査チームが現地入りできない状況である。したがって，調

査の合理化等を工夫する必要性が高い。

　例えば，次のような方法が考えられる。

- 本社調査チームは，客観証拠の収集を最優先に行って，これらをもとに客観的な時系列表を作成する。客観証拠とは，贈賄要求や賄賂授受の場面の会話の録音データ，現地担当者と本社上司とのやりとりが記載等された社内メールやSNS記録，陸揚げ許可申請書をはじめ許可申請に係る手続書類，賄賂として支払った金員の流れに関わる経理データ等である。
- これと並行して，調査開始後の早い段階で，事案をよく知る現場の中心人物（本件ではEが該当する）のヒアリングを実施する。その人物が事実関係を認めて正直に話をし，全面的に調査協力を行う態度であることを確認できれば，その人物に時系列表を示し，詳細についての陳述書等を作成させる。その後のヒアリングは，重要な点や問題となる点に絞って行う。
- この方法によりEに要するヒアリング時間や労力を相当に軽減することができ，その分を，他の証拠の収集，分析，他の事件関係者のヒアリングに充てることが可能となる。

　また，Fに対するヒアリングについても，現地弁護士の協力を得て合理化を図ることを検討する。例えば，本社調査チームがFに対するヒアリングを実施する前に，現地弁護士に現金授受場面についてのEの記憶の内容を確認しておいてもらい，Webヒアリングでは，その供述内容を前提として，授受の場面を中心とすることも考えられる。

③　事実を否認する最終決裁者へのヒアリング

 事実を否認し虚偽の供述をする最終決裁者へのヒアリング

Q3

> Dは最初のヒアリングで,「賄賂の支払を了承していない」と
> して供述しました。この供述は,客観証拠やEや他の事件関係
> 者の供述に反する内容であり,調査チームはDの供述を虚偽で
> あると判断しました。このような場合,調査チームはDに対す
> るヒアリングをどのように進めますか。

◆A3◆

- 違法行為を最終承認した上位者であるDが明らかに虚偽と判断される供述
  をして事実を否認し続けると,起訴(公判請求)される可能性が高く,裁
  判にEが何度も呼ばれるなどして,裁判が長期化する。
- 裁判の長期化は,B社のレピュテーションに悪影響を与える。
- Dのヒアリングは,客観証拠を収集し,他の関係者のヒアリングを終えた
  調査の最終段階で行う。
- Dの防御権に配慮しつつ,ヒアリングで事実を認めるよう説得する。
- Dの性格等を踏まえて否認の理由を分析し,説得方法を検討した上で,戦
  術を持ってヒアリングに臨む。

解　説 ●――――――――――――――――――――――――――●

(1)　Dが否認を続けた場合の会社のリスク

　Dは,Zに対する賄賂の支払を承認した最上位の責任者であることか
ら,支払承認の事実を否認し続けた場合,公判請求される可能性が高い。

Dが裁判の中でも，部下であるEや現地従業員であるFに責任を押し付けて否認を続けた場合，対立関係にあるEは何度も裁判に呼び出されるなどして，裁判の長期化が予想される。

　B社の取締役であるDが公判請求され，裁判で有罪判決を受けること自体がB社にとって重大なリスクであるが，裁判が長期化すると，その分，B社の外国公務員贈賄事案がマスコミに取り上げられる場面が増える。その結果，B社のレピュテーションにより大きな影響を与える。

(2)　Dを説得する必要性

　Dが客観証拠や他の事件関係者の供述に反し，明らかに虚偽の弁解をしていると判断される場合，Dが否認を続けることはB社にとって重大なリスクであり，B社は，Dに対して，真実を述べ，事実を認めるよう説得することが重要となる。また，明らかに虚偽の弁解を行い，部下に責任転嫁を図るような態度を続けることは，D自身にとっても利益にならない。Dに対する説得は，Dに対して，自己保身を捨てて真実を供述する機会を与えるという意味もある。

　Dを説得するためには，Dの防御権に配慮しつつ，事実を供述させるための十分な戦略と準備が必要である。何の戦略も準備も行わずに，やみくもに追及を繰り返したり，長時間にわたって事実上拘束したりするやり方は，百害あって一利なしといわざるを得ない。

(3)　Dを説得する手順と戦略

　Dを説得する前提として，「Dの供述が虚偽であること」，すなわち，

「Eの供述が真実であること」について確信を持てるよう，Eの供述の信用性を改めて吟味しておく必要がある。Eの供述について，客観証拠，他の関係者の供述，賄賂要求から支払に至る時系列的流れとの整合性，CとDの権限，指揮命令関係，これまでの人間関係等との整合性などをあらゆる角度から検証する。Eの信用性に関する裏づけが不足している場合には補強したり，Eから再確認を行ったりする必要がある。こうした手順を踏むことで，Dを理詰めで説得するためのポイントを準備することができる。

　否認している人物を説得する上で重要なことは，その人物の性格，思考パターン，人間関係などを踏まえた上で，否認の理由を分析し，その理由を排斥する方法を事前に検討することである。論理的なタイプの人物には，客観証拠をもとに理詰めで追及し，情緒的なタイプの人物には，会社や同僚，尊敬する人への思いや人間関係などを中心に情に訴えるというのが基本である。両方を組み合わせることがより効果的な場合が多い。

　本件事案では，Dは海外出張から戻ったC社長に賄賂支払の事実を報告したところ，C社長の激しい怒りを買ったという経緯があり，Dは自己保身のために否認しているものと推測される。そのため，Dに対して，客観的な証拠から言い逃れできないことを理詰めで説得しつつ，正直に事実を話すためのきっかけを作ることが効果的である。後者のタイプの人物については，例えば，C社長自身がDと1対1で面談し，言い逃れできないことを示しつつ，激怒したことを謝罪し，自身が不在の中でDが懸命に対応したことを労った上で，ヒアリングで悔いのない対応を求めるといった方法が考えられる。このような社長関与の方法は，経営トップによる危機管理または組織マネジメントとして調査チームと連携して実施するものである。

④　合意制度の活用

合意制度を活用するメリット

Q4

　B社が合意制度を活用するメリット，デメリット，活用しない場合のデメリットは何ですか。Eにとってのメリットはありますか。

◆A4◆

- B社にとってのメリットは，不起訴処分の見通しが立つこと，強制捜査リスクの最小化，レピュテーションリスクの最小化である。
- B社には合意制度を活用するデメリットはなく，むしろ活用しないデメリットのほうが大きい。
- Eにとってのメリットは，検察とB社の協議の中で事実を認め，全面的に捜査に協力すれば，その恩恵として刑事処分が軽減される可能性があることである。

解　説 •────────────────────────────────•

(1)　B社が合意制度を活用するメリット

　B社が本件の刑事処分に関して合意制度を活用するメリットは，ⅰ）不起訴処分の見通しが立つこと，ⅱ）強制捜査リスクの最小化，ⅲ）レピュテーションリスクの最小化である。

ⅰ）不起訴処分の見通しが立つこと

　本件は，贈賄金額が2,000万円と多額であり，Zからの強い支払要求

を拒否しきれなかった面があるとはいえ，贈賄によりB社の過積載という現地法令違反行為が見逃される結果となった。そのため，合意制度を活用せず，内部告発等により捜査機関に事件が発覚した場合，過去の類似事件と比較すると，D，EはもとよりB社に対する起訴（公判請求）が十分あり得る事案である。

　他方で，本件では，B社が日頃から海外贈賄防止対策を行っている他，事件発覚後もC社長の指示により迅速に調査を実施し，調査結果に基づいて捜査機関に犯罪事実を申告して合意制度を利用するなど適切な事後対応が行われた。したがって，本件は，検察との間で協議が開始され，B社を不起訴処分とする合意が成立する可能性が高い事案といえ，B社は不起訴処分を前提にその後の各種の対応方針を決めることができる。

ⅱ）強制捜査リスクの最小化

　強制捜査を受けないことは，法律上合意内容に含まれない（刑事訴訟法350条の2第1項2号）。しかし，B社が検察に事実や証拠を提示することにより罪証隠滅のおそれがなくなる上，検察も協議を開始した当事者との信頼関係を尊重すると考えられる。したがって，協議中も合意成立後も，本件でB社が捜索・差押えを受け，あるいはD，Eといった事件関係者である役職員が逮捕されるリスクはない。

ⅲ）レピュテーションリスクの最小化

　合意制度の利用によって強制捜査を受けることなく，かつB社を不起訴処分とする合意が成立すると，会社のレピュテーションの低下を最小限に抑えることができる。

　本件においてB社は，Dらによる外国公務員贈賄行為を自ら把握し，

ただちに徹底した事実調査を行い，合意制度を活用して犯罪事実を自ら捜査機関に申告するとともに，最も重い責任を負うべき取締役Dの刑事責任の追及を行い，自浄作用を発揮した。不起訴処分の合意は，B社の自浄作用の発揮と再発防止策について検察の信頼を得たといえる。こうした自浄作用の発揮によってB社の企業価値の毀損は限定的となり，ステークホルダーの信頼回復につながる。

　また，合意制度の活用によってマスコミ報道によるレピュテーションリスクの管理が可能となる。

　検察は，合意制度適用事案については，より一層の守秘の徹底を図ることが予想されるので，B社内部から事件の情報が流出しない限り，合意手続中に事件情報がマスコミなど外部に把握される可能性は低いと思われる。合意制度において「他人」としたDの事件が起訴（公判請求）され，公判手続において合意書面が裁判所に提出される時点では，検察は対外発表する可能性が高いが，B社は，検察との交渉の中で，処分期日を予想し得ることから，事前に準備を整えた上でマスコミ各社に対して自浄作用を発揮したことを説明し，一斉に適切に対応することができ，記事の内容・回数を最小限度のものに抑えられる。

　このように合意制度を活用することによって，不意打ち的にマスコミ報道が先行した場合の対応と比較し，B社は能動的にレピュテーションリスク管理を行うことができる。

⑵　B社が合意制度を利用するデメリット

　B社が犯罪事実を捜査機関に自主的に申告する前提であれば，合意制度を活用するデメリットはなく，むしろ活用しないほうが⑴で述べたメ

リットを享受できないという大きなデメリットがある。

　当然ながら，事件の内容や会社の協力態度によって，協議が成立しない，合意内容が予定していたものと違う形になるというリスクはある。しかし，本件の内容やB社の態度からすると，そのようなリスクは低い。また，検察が合意を解消して離脱できるのは，B社が協力行為を怠った場合，提出した証拠が虚偽だった場合などB社が非難を受けても仕方ない場合に限られている（刑事訴訟法350条の10第1項）。なお，検察が不起訴処分としても，検察審査会が起訴相当と判断するリスクもある。ただ，その場合でも検察にはB社が協力行為によって提供した証拠を使用できないという立証制限がかかり（刑事訴訟法350条の12第1項），結局起訴はできないのではないかと考えられる（この場合は同じ不起訴でも起訴猶予ではなく嫌疑不十分となるだろう）。したがって，本件において，B社が合意制度を利用する現実的なリスクはない。

　なお，合意制度の利用によって，B社が「バレないことに賭けて逃げ切る」可能性は失われる。しかし，そもそも，本件は，当事者であるD，E，Fのみならず，調査の過程で多くの役職員が認識していることから，内部告発等によってマスコミや捜査機関に情報提供がなされる可能性が高く，B社がバレないことに賭けて逃げ切ることはほぼ不可能であろう。そして，本件はC社長，取締役コンプライアンス部長が報告を受けて認識しており，「バレないことに賭け」る行為は隠ぺい行為に他ならない。本件が内部告発等により発覚した場合には，重大な不祥事として企業価値は大きく毀損し，ステークホルダーの信頼を失う。また，本件の外国公務員贈賄について，B社や事件関係者は強制捜査を受け，刑事処分は免れない。C社長，取締役コンプライアンス部長など「バレないことに賭け」ることを意思決定した役員は善管注意義務違反を問われかねず，

B社に発生した損害について株主代表訴訟により賠償請求を受ける可能性もある。したがって，B社は，「バレないことに賭けて逃げ切る」という選択肢をとってはならない。

⑶　Eにとってのメリット

　B社の事件に関する協議の中で，Eが事実を認め，捜査に全面的に協力すれば，その恩恵として，Eの刑事処分も相対的に軽減される可能性がある。これは，B社を本人とする合意の効果ではなく，検察官の起訴裁量権の効果である。

経営トップに対する説明

Q5

> 本件でB社を「本人」，Dを「他人」として合意制度を活用する場合，B社の代表取締役社長Cが最低限理解しておくべき内容は何ですか。

◆A5◆

● B社が行う協議合意手続は本人であるB社が検察との合意を目指す手続である。本人を代表する代表取締役社長Cは，当事者として合意制度のポイントと手続内容を理解する必要がある。

● コンプライアンス部長は，代表取締役社長Cに理解させるため，弁護人からレクチャーを受けるなどして自ら制度を理解する。

● コンプライアンス部長は，弁護人を通じてまたは自ら代表取締役社長Cに対して，①合意制度の概要および制度を活用する場合のメリット，②予想される合意内容，③協議手続への本人の参加の有無を説明する。

解 説

(1) 代表取締役社長自身が合意制度を理解する必要があること

　B社が行う協議合意手続は，検察と本人であるB社間の合意の成立を目指すものである。本人を代表するC社長自身が手続の当事者となる。C社長に合意制度への理解がなければ，思いがけないトラブルが生じる可能性がある。

　したがって，コンプライアンス部長であるあなたや法務部長などは，まずは自身が弁護人から説明を受けるなどして手続への理解を深め，C

社長に対し，以下の点について説明し，理解してもらう必要がある。その説明には専門家である弁護士を同席させる。

⑵ 代表取締役社長が理解しておくべき内容

ⅰ) 合意制度の概要と制度利用によるメリット

合意制度の概要および一般的な留意事項について，最低限，本書第1部「④ 日本における検察官との合意制度（日本版司法取引）」に記載している内容について説明し，理解してもらう必要がある。

特に，合意に至るためには協議開始が前提となること，協議に応じるか否かは検察の裁量であること，検察が協議に応じる基準がどのようなものかについて正確に説明する必要がある。

また，合意制度を利用するメリットについても，Q4の「解説」に記載されている内容を理解しておく。

ⅱ) 「他人の事件」の構成と予想される合意内容

合意制度の利用にあたり，事件関係者のうち誰の事件を「他人の事件」とするか，予想される合意内容について説明し，理解してもらう必要がある。

本件は，事件関係者の中で最上位に位置するDの事件を「他人の事件」とし，両罰規定により成立するB社の事件を「本人の事件」として協議合意手続を行う。予想される合意の内容は，B社の不起訴処分とB社がDの事件の立証に重要な証拠を検察に提供することである。具体的には，EおよびFと外国公務員であるZとの賄賂要求・支払についての会話録音，事件関係者間のメールのやりとりなどの客観証拠の提供と，

Eが取調べあるいは証人尋問に際し，真実の供述をすることが考えられる。

ⅲ）協議手続への本人の参加の有無

協議手続には検察官と本人および弁護人が参加するのが原則である（刑事訴訟法350条の4本文）。しかし，会社が本人の場合，会社の代表者が承認すれば，検察官と弁護人のみで協議を行うことができる（同条ただし書）。この点に関する承認の有無についてC社長に確認する。

Q6　合意制度を活用するための準備

> 合意制度を利用する判断をした場合，Ｂ社が準備しておくべき
> ことは何ですか。

◆A6◆

- 外国公務員贈賄罪や合意制度に十分な知識を有する弁護士，会社のコンプライアンスや危機管理の知識や経験が豊富な弁護士を会社の弁護人として選任し，弁護団を結成する。
- 手続円滑化，レピュテーションリスクの低減のために，社内のバックアップ体制を構築する。具体的には，社内の責任者を定め，弁護人の補助・支援，重要証拠の管理，証人との連絡・調査，代表取締役社長への報告を行う。
- 調査チームとレポートライン，調査対象者に対して，会社の方針を伝えた上で，保秘と情報管理を徹底する。
- 協議開始申入れ前に重大な余罪がないかを点検し，必要な場合の追加調査を行う。
- 協議開始申入れ前に，会社に有利な情状に関する証拠を収集する。

解　説

(1)　専門性の高い弁護団の結成

　合意制度の実際の協議は，Ｂ社が選任した弁護人が検察官との間で行うことになる。そのため，適切な弁護人を複数選任して弁護団を結成することが必要となる。

　外国公務員贈賄罪の立件および合意制度の活用は，過去に事例が少な

いため，経験値を有する弁護人は非常に限られている。しかも，弁護人は，検察との対決が期待されるのではなく，捜査の全面協力を前提に，いかに検察とうまく交渉し当初の目的を達成するかが期待されている。

　したがって，弁護人には，合意制度の十分な知識と会社のコンプライアンスや危機管理の知識や経験が要求される。また，外国公務員贈賄事件は総じて検討・分析が必要な証拠資料が膨大で，かつ協議が長期間に及ぶことが想定され，単独受任は困難な場合が多い。よって，B社としては，刑事事件が専門で検察との交渉能力もある弁護士と企業コンプライアンスや危機管理が専門の弁護士をうまく組み合わせて選任し，専門性の高い弁護団を結成することが重要である。

(2)　協議合意手続のバックアップ体制

　B社が協議合意手続を円滑に進め，かつレピュテーションリスクを最小限度に抑えるためには，その手続をバックアップする体制が必要となる。

　協議合意手続では，前述したとおり，「本人」の代表者であるC社長が当事者となるため，協議ごとに弁護人から報告を受け，適切な対応を行う必要がある。そのため，C社長の補助者として責任者を選任し，弁護人と意思疎通を図り，会社の協力行為に関する事項について必要な際に迅速な対応ができる体制を整備することが望ましい。

　責任者には，調査チームの責任者など事実関係や証拠関係をよく理解している者を選任するべきである（本件でいえば取締役コンプライアンス部長が適任である）。また，会社の規模にもよるが，責任者からC社長へのレポートラインはシンプルにすべきである。責任者から代表取締

役社長に直接レポートするか，1名がその間に入る程度とする。また，責任者の下に数名の事務担当の補助者が必要である。

　責任者の役割は，保秘の徹底，証拠の厳重な管理，弁護人から依頼のあった証拠資料の準備，追加調査依頼を受けた場合の調整，実際の調査などである。また，検察に協力する重要な証人であるEとの連絡・調整の役割も担う。Eないしその弁護人と面談して，協議の進捗状況を伝えるとともに精神的な支援も行い，会社の協力行為がスムーズに提供できるようにする。責任者は，弁護人と二人三脚で協議合意手続に参加する心構えを持つことが重要である。

(3)　社内情報管理と保秘

　社外に事件の情報が漏れた際のレピュテーションリスクの観点や，協議を円滑に進める観点から，B社は，社内の情報管理を徹底する必要がある。具体的には，調査チームのメンバーとそのレポートライン先および調査の対象となった関係者を中心に，「本件は捜査機関に処分を委ねる」とのB社の基本方針を伝えた上で，本件に関する保秘を徹底する。加えて，証拠の保管・管理の徹底も必要である。

(4)　余罪調査

　協議開始後または合意成立後に，当初B社が認識していた犯罪事実以外の余罪が発覚すれば，協議や合意の前提が崩れてしまう。その余罪の内容が本件よりも重大，悪質で，B社に余罪隠ぺいの疑いがあれば，その余罪で強制捜査を受ける可能性がある。

　したがって，協議開始申入れにあたり，余罪調査の実施状況を確認する必要がある。余罪調査が実施されていなければ，余罪調査を実施する必要がある。すでに余罪調査を実施していた場合は，それが十分かどうかを検討し，不足している場合には追加調査を行う。

　もっとも，余罪調査の範囲については，情報管理や時間との兼ね合いから，すでに本件を認識しているエンジニアリング本部の歴代の本部長や幹部，特に汚職リスクの高い国や大型工事案件の実績がある国を担当した者を中心に，ポイントを絞ったヒアリングを行うことが現実的である。

(5)　会社に不利な情状の分析と対応策の検討

　本件事案では，B社には，贈賄によって過積載という現地法令違反行為が見逃されたこと，贈賄によって約5億円の追加費用負担を免れたことなど，不正な経済的利益を享受したという不利な情状がある。そのため，協議申入れに先立ち，不利な情状についてあらかじめ分析し，必要な調査を実施して，反論を含む対応策を検討，準備しておく。

　例えば，検察から過積載という危険性のある行為が行われたことを指摘された場合，B社としては，現実的危険性がないこと，現実にも陸揚げによって何の危険も生じていないこと，他にも悪質な事例があることなどを口頭で反論する。そのために，現地通関業者から過積載貨物の陸揚げの実態，過去の最大過積載の程度などをヒアリングして実態を調査するなどの準備をしておくことが考えられる。

　また，検察から，5億円相当の不当な経済的利益を得たまま不起訴処分となることについての疑問が指摘されることも考えられる。これに対

しては，公的団体への寄付の検討などが考えられる。検察に逆にアドバイスを求めることも一案である。

　不利な情状について，どのようなタイミングで，どのような方法で，どのような反論を行うかは，事案や交渉状況によって異なる判断が必要となる。実際の検察との交渉において，検察からの指摘の有無，内容，有利な情状との兼ね合いなどを踏まえた上で，臨機応変に交渉し，粘り強く対応することになるだろう。

(6)　会社に有利な情状を主張するための準備

　検察とB社との協議を進めるためには，B社が検察に対して協議開始申入れを行うが，これに応じるか否かは検察の裁量に委ねられる。検察は，合意制度を利用する事案の選定について「本人の事件についての処分の軽減等をしてもなお，他人の刑事事件の捜査，公判への協力を得ることについて，国民の理解を得られる場合であること」，「従来の捜査手法では同様の成果を得ることが困難な場合」との2つのポイントを指摘している（平成30年3月19日最高検第13号「証拠収集等への協力及び訴追に関する合意制度の運用等について（依命通達）。以下「検察の運用指針」という）。

　特に，会社を「本人」，役職員を「他人」として合意制度を活用する場合，役職員に犯罪行為の指示をした会社が処罰を免れるにもかかわらず，会社の指示に従った役職員だけが処罰されるのは「トカゲの尻尾切り」として「国民からの理解が得られない」と非難されることもある。検察がこの問題に配慮して，協議開始を留保ないし拒否する可能性もある。したがって，B社は遅くとも協議開始申入れ前に，この問題への対

応を準備しておく必要がある。具体的には，以下のような会社に有利と
なる情状を整理し，本件はトカゲの尻尾切りではないこと，会社が不起
訴処分となっても決して不当ではないことを主張できるようにしておく。

ⅰ）会社の責任が比較的軽いこと

　Ｂ社の処罰の根拠は，Ｄ，Ｅら役職員に対する選任，業務に関する指
導・監督上の過失責任であるが，その過失の程度は比較的軽い。

① 　Ｂ社は，コンプライアンス規程の中で外国公務員に対する贈賄を
禁止し，防止対策を取っていた。

② 　本件は，Ｃ社長が海外出張中に，賄賂を支払うよう脅され，検討
期間も短い中で，Ｃ社長の判断を受けずに賄賂を提供してしまった
もので，Ｂ社の落ち度の程度は比較的軽い。

③ 　調査の結果，余罪が判明しなかった場合には，本件が例外的な事
案であり，この点でもＢ社の落ち度の程度は軽い。

ⅱ）事後対応が適切で他人の刑事事件の真相解明に全面的に協力してい
ること

① 　Ｃ社長は本件の報告を受けた後，ただちに調査チームを発足させ，
本件の事実関係の調査を行った。

② 　Ｃ社は，その調査結果を踏まえ，捜査機関に犯罪の自主申告をし
て捜査に全面協力し，事件の立証に不可欠な証拠を提供する用意が
あり，他人の刑事事件の真相解明に不可欠の役割を果たしている。

ⅲ）実効性のある再発防止策を検討し，かつ実行予定であるため再犯の
　おそれも極めて低いこと

　この点は，大至急B社内で検討して主張できるようにしておく必要が
ある。例えば，以下のような方策を検討するべきである。

　㋐　経営トップによるメッセージの発信
　　C社長自ら，エンジニアリング本部の幹部に，「売上・利益を獲得するため
　に不正な手段（贈賄を含む）を取ることなく，迷わず法令遵守を貫くべきこ
　と」や「不正な手段を取って獲得した売上・利益は評価されず，むしろ懲戒処
　分の対象となること」を厳しく注意・指導し，本件が公表された後，全社員向
　けに同じメッセージを発信する予定であること
　㋑　役職員への教育・研修の実施
　　本件を公表後，㋐に加え，本件を踏まえた具体的な贈賄防止の教育・研修の
　実施計画を立てており，必ず実施する予定でいること
　㋒　グローバル内部通報窓口の一層の充実
　　B社本社が海外子会社等の海外拠点からもリスク情報を吸い上げることので
　きる実効性のある通報制度を構築すること

協議開始申入れ

B社が検察官に対し協議開始の申入れをする際に，どのような
ことに注意しますか。

◆A7◆

- 合意制度についての検察の運用指針を理解する。
- 検察官が協議開始に合意するよう，協議開始申入書に検察の運用指針の選定基準を満たすことをわかりやすく記載する。
- 自首の要件を満たす事案については，協議開始申入れと同時に自首手続を行う。
- 自首申告書を本人名で作成し，担当弁護人が協議合意書と同時に検察官に提出する。

解　説

(1)　協議開始申入れの方法

　合意制度の合意が成立するためには，前提として，検察官と本人・弁護人間で協議開始を合意して協議開始書を作成し，協議手続を開始する必要がある（刑事訴訟法350条の4本文）。

　協議を開始するか否かは検察官の裁量に委ねられているため，B社および担当弁護人は，協議開始申立てにあたり，検察の運用指針を十分理解しておく。

　協議開始申入れは，口頭でもよいが，簡潔な書面を作成した上で，口頭で補足したほうがスムーズに進行する。検察の運用指針の選定基準を

満たす案件であることを判断できるよう，事案の説明と会社の処分軽減の内容を，それぞれ数行で簡潔にまとめて提示すればよい。

　協議開始申入書の記載項目やポイントは，次頁の協議開始申入書のひな型を参照されたい。

(2)　協議開始申入れと自首申告の関係

　協議開始申入れと自首（刑法42条）は全く別の手続である。合意が成立すれば自首の効果である刑の任意的減免は必要ないが，協議が不成立になる可能性もあるため，自首の手続をしておく。

　協議開始申入れの際に検察は犯罪事実を知ることとなるので，それ以降は，自首の要件を満たさない。したがって，協議申入れと同時に自首の手続を行う必要がある。

　自首の手続は代理人によることはできないため，本人であるB社代表取締役C名義の自首申告書を別途作成する必要がある。実務上は，B社の代理人弁護士が，協議開始申入書とともに自首申告書を検察庁に提出することになるだろう。

○○地方検察庁検事正殿[1]

協議開始申入書[2]

　B社は，下記の外国公務員贈賄事件について，刑事訴訟法第350条の4に基づき，協議の開始を申し入れます。

○年○月○日

B社　代表取締役社長C

代理人弁護士　　○○○○

記

第1　他人の被疑事件の概要[3]

　1　被疑者

　2　被疑事実[4]

　3　罪名及び罰条　不正競争防止法違反　第18条第1条

第2　刑事訴訟法第350条の4に基づく協議開始の申し入れについて

　1　協議開始申し入れの趣旨

1　宛先は，会社本店所在地を管轄する検察庁である。特捜部のない地検の場合，次席検事に提出先を相談するとよい。

2　B社代表取締役C名義の自首申告書は，別途作成し，本書とともに提出しなければならない。

3　合意制度の場合，被疑事実は「他人の事件」と「本人の事件」の2つが想定されていることから，2つの事件を別々に特定する必要がある。本件のように会社が両罰規定で処罰される場合，「他人の被疑事件の概要」（第1）でDの事件の概要を記載し，B社の事件は，第2，1，(1)で特定すればよい。

4　他人の被疑事実は可能な限り具体的に記載する。ただし，協議内容に関わるE，Fの役割や実行行為者が誰かについてはあえて記載しない。

　(1)　他人の犯罪と本人の特定[5]

　(2)　求める合意内容と協力行為の概要[6]

　(3)　合意制度に適する事件であること[7]

　　ア　犯罪立証に不可欠な証拠の存在と提供が可能であること

　　イ　国民の理解は比較的得やすい事件であること

2　今後の協議の進め方[8]

以上

5　Dの事件を他人の刑事事件，両罰規定により成立するB社の同じ犯罪事実を本人の犯罪として特定した後，「なお書き」で，Dの認否を簡潔に入れておくとよい（検察の証拠検討に影響を与える重要な事実であるため）。

6　協力行為の内容は，抽象的な記載にとどめる。Dが共犯であることを示す関係者の供述は，相互に一致して補強し合っており，客観証拠に合致すること，信用性があることを口頭で説明すれば，初回の対応としては十分である。

7　検察の運用指針における合意制度を利用する事案の選定に関するポイント（検察の運用指針二の1「事案の選定について」）を充足することを明らかにし，わかりやすく記載する。

8　「本人である会社代表者から承諾を取得していることから，今後は検察官と弁護人の二者による協議を予定している」旨を記載する。

事件関係者との連携

Q8

> B社が，本件において会社を「本人」，Dを「他人」として合意制度を活用する場合，B社は「他人」であるDおよび事件関係者であるEと刑事手続上どのように連携しますか。なお，Dは最終的に本件事実を全面的に認めています。

◆A8◆

- 他人とするDは，刑事手続上B社と直接利害が対立する関係となるため，Dの認否にかかわらず，B社はDの弁護人選任や弁護士費用の負担を行うべきでない。

- Dが自身の関与と責任を認めている場合，B社はDの弁護人との協力関係を維持し，Dの協力姿勢を維持したまま，刑事処分の早期終結を目指す。

- Dの処遇は，刑事事件の進捗状況，対外公表の有無などの個別状況によって検討する。

- EはB社の協議において協力行為を行う者であり，B社はEのために弁護人を紹介し，B社の弁護人と歩調を合わせた対応を取る。

解　説

(1)　Dへの対応

　Dを「他人」として合意制度を活用する場合，Dが事実を認めているか否かにかかわらず，B社とDは，刑事手続上，「他人の刑事事件」（刑事訴訟法350条の2第1項）として直接利害が対立する関係となる。そのため，B社はDの弁護人選任や弁護士費用の負担を行うべきでない。

　Dが自身の関与と責任を認めている場合は，実質的にはB社と対立関

係にない。Dが否認に転じた場合にはB社にも弊害が生じることが想定されるため，B社としては，Dの協力姿勢を維持したまま刑事処分の早期終結を目指すべきである。そのため，Dの刑が減軽されるよう，B社の協議申入れと同時にDが自首手続を行えるよう配慮する，B社弁護人とDの弁護人との間で必要な情報交換を行うなど，Dとの実質的な協力関係を維持する対策を検討する。

(2)　Dの処遇

　Dは取締役であり，本人が辞任しない限り，株主総会決議がなければ解任できない。しかし，Dを取締役エンジニアリング本部長のポジションのままとどめ，何ら社内処分等を行わなければ，B社のコンプライアンスの姿勢，再発防止策実施等について，社内外から非難を受ける危険性がある。したがって，ただちにDをエンジニアリング本部長のポジションから外すことが必要と考える。

　では，Dに対してただちに取締役を辞任するよう強く求めるべきか。B社としては，Dを他人として合意制度を活用しているところ，取締役の辞任または解任を行えば，その事実自体は対外公表が必要となり，合意制度の活用において支障が生じる可能性がある。この点，協議開始申入れによってDの刑事責任追及に着手していることから，協議合意手続への悪影響を避け，直近の株主総会までの間，Dの取締役の地位に関する対応をペンディングするという考え方もあるだろう。しかし，個別の刑事処分のために指名ガバナンスを後退させるわけにはいかない。外国公務員贈賄の再発防止策徹底の観点からも，会社犯罪でもある外国公務員贈賄を最終承認した取締役を，その地位にとどめておくべきではない。

したがって，B社としては，Dに対して取締役を辞任するよう強く求めるべきである。万が一，Dがこれに応じなければ，直近の株主総会で再任しないという対応を取ることになる。

(3) Eへの対応

Eは，本件協議合意手続においてB社の協力行為を実現するための協力者である。しかし，B社とEは将来的に利益相反となる可能性があり，B社の弁護人はEの弁護人を兼務すべきではない。B社は，会社の弁護人とコミュニケーションを取れる弁護士を別途選任し，両者が連携して協議合意手続およびそれぞれについての自首手続を進めていくことが望ましい。Eは，検察官と交渉する上で協力行為を行う重要な証人であるため，B社としては，事前に面談して供述内容を確認することが必要である。

Eの弁護人費用については，Eの意向にもよるが，会社の不起訴処分を得るための必要経費としてB社で負担することも考えられる。

EはB社の協議合意手続による恩恵を受けられない。そのため，Eの刑事処分についての弁護活動は，自首手続や，刑の減軽について検察官の起訴裁量に働きかけをして行う個別交渉となる。B社の協議合意手続における協力行為は，Eの刑事処分において有利な情状となり得る。B社は，Eの自首の機会の確保やEの刑事処分軽減のための検察官への陳情活動を行うなどして協力することになる。

Q9 実行行為者である現地従業員の人権保護

> 本件で賄賂を供与した現地従業員Fに対し，B社はどのような
> 対応をすべきですか。

◆A9◆

- 本件は，B社が現地従業員Fに対して犯罪行為を強制したものと評価され
  得る。
- Y国と日本でFが刑事処分を受けるリスクがある。
- B社はFの人権保護の観点から，弁護人の選任，証拠の管理・提出等，各
  国の法制度や諸事情に応じた適切な支援，措置を取る責任がある。
- Fに対する支援や措置は，Y国子会社（BY社）が強制捜査を受けるリス
  クの軽減につながる。B社またはBY社が必要な費用を負担することを検
  討する。

解　説 •────────────────────────────────•

(1)　Fに対する犯罪行為の強制という側面

　本件事案において，現地従業員Fは，親会社であるB社従業員である
Eからの指示によりZに対して賄賂を供与している。Fの立場上，B社
からの指示を無視して賄賂を供与しないという選択をすることは困難で
あり，B社がFに対して犯罪行為を強制したものと評価され得る。

(2)　Fに対する刑事処分

　Fは，Y国の現地法が定める贈賄罪として処罰される可能性があるとともに，日本国の外国公務員贈賄罪で処罰される可能性がある。

(3)　Fの人権保護の必要性

　このように，Fは日本とY国で処罰の対象となる可能性があるが，B社を本人とする合意制度のメリットは受けない。B社が合意制度により不起訴となり，Eも恩恵を受け罰金処分などで済む可能性があるにもかかわらず，Fをこのような不安定な立場に置くことは公正さに欠け，国民の理解が得られるかという問題にもつながる。

　また，Fは，Eの指示に従って現金供与という贈賄の実行行為をさせられたにもかかわらず，Y国で身柄拘束され有罪となり収監されるという重大な不利益を被る危険がある。これを放置することは，B社による外国籍のグループ役職員に対する差別的な扱いとして，「ビジネスと人権」という観点からも深刻な問題として指摘される可能性がある。

　したがって，B社としては，Fの人権保護のための支援を行う必要がある。

(4)　Fに対する具体的支援

　Y国においてFに対する捜査が開始された場合，B社としては，Y国においてFのための刑事弁護人を選任するとともに，政治情勢や司法へ

の信頼性，Y国刑法の贈賄罪の構成要件や刑の減免要件，Y国の捜査・裁判実務等をしっかりと調査した上で，Fを保護するための措置を取るべきである。これに要する費用はB社またはBY社で負担することを検討すべきであろう。

　Fを保護するための具体的措置として，例えば，贈賄を行った者が犯罪事実を自主申告することで免責される旨の定めがY国法に存在し，かつY国の刑事司法システムが信用できるものであれば，自主申告と証拠提供を支援することが一案である。このような支援活動は，BY社が捜索・差押え等の強制捜査を受けるリスクを低減することにもつながるというメリットにもなる。

コラム⑤　海外贈賄は人権問題，ESGのSだ

　国連グローバル・コンパクトは，４分野（人権・労働・環境・腐敗防止）10原則を定め，海外贈賄を腐敗防止の中に「原則10：強要と贈収賄を含むあらゆる形態の腐敗の防止に取り組むべきである」と位置づけている。

　2022年３月に日本取引所グループが公表した「JPX-QUICK ESG課題解説集2022」も，E（環境）・S（社会）・G（ガバナンス）という分類の中で，腐敗防止をコーポレート・ガバナンスと並べてGの１つに位置づけている。

　このような分類に何か正解があるわけではなく，こだわる必要もないように思われるが，海外贈賄の現場に近いところで生々しい実態をみてきた実務家としては，海外贈賄は人権に関わる問題であり，ESGのS（社会）の課題だという実感がある。具体例をみてみよう。

　まず，日本交通技術（JTC）の国際部が，海外３カ国で贈賄を行い，当時の社長を含む役員３名が外国公務員贈賄罪で有罪判決を受けた事案では，国税局の指摘から海外贈賄の事実を知った社長が，「リベート提供活動の全面撤退をすれば，海外完成高は半分以下と想定され，海外部門の大幅な人員異動・整理が絶対必要になる」「ある程度のリベート供与活動を最小に継続しつつ，海外プロジェクト業務を確保する」という方針を打ち出した。

　この社長方針を受けた国際部では，「今後利益供与を実行する際は，自分自身を守るために会社組織として認知した上で実施する」「発注者との交渉は２人で臨む，交渉段階で額を下げるよう努める，手渡す場面も複数人で立ち会う」「相手国にも国内法があり，発覚すると我々も拘束される危険を伴う。→現地に駐在する社員でなく，本社よりスポット的にしかるべき人が対応に当たるなどの方策を講じる」という方針が示された。これを聞いた国際部の従業員の中には，退職を決意した者，実

際に退職した者，今後一切リベート提供には関わらないと宣言した者などがいた（第三者委員会調査報告書67-69頁，84-85頁参照）。

このように，今後も海外プロジェクト業務を確保したいという企業の営利目的のために，身柄拘束の危険に晒されながらリベート提供を続けさせられた国際部の従業員らは，その人権が侵害され，あるいは極めて軽視されていたといえる。

次に，天馬の海外子会社で海外贈賄を行い，法人と当時の社長を含む幹部3名が外国公務員贈賄罪で起訴された事案では，賄賂を要求する税務職員から喫茶店（賄賂の受渡し場所）まで1人で来るように指示された現地スタッフが，今までそのような大金を持ったことがなく1人で行くのが怖いと思い，日本人幹部に喫茶店の近くまで一緒に来てほしいと申し出て，税務職員にみつからないよう別々の社用車に乗って喫茶店に向かい，紙袋に包んだ賄賂（1,500万円相当）を手渡した（第三者委員会調査報告書23-24頁参照）。

このように，税務当局から追徴額の減額を受けたいという企業の営利目的のために，表に出せない多額の現金を1人で社用車を運転して運搬し，喫茶店で税務職員に受け渡すという危険な業務に従事させられた現地スタッフは，その人権が侵害され，あるいは極めて軽視されていたといえる。

さらに，視点を変えると，企業が規制当局に対して贈賄することで，その企業に対する規制に抜け穴が生じ，そのことが従業員や地域住民の人権を危険に晒すことがある。例えば，工場の消防設備に不備があるのに賄賂を支払って見逃してもらった結果，その工場で火災が発生し，消防設備の不備のため被害が増大し，従業員や地域住民が人的被害を受けることが考えられる。

ちなみに，2021年5月にオランダのハーグ地方裁判所は，英シェルに対し，気候変動が住民に対する人権侵害をもたらすとして，人権デューデリジェンスやCO_2排出量削減を命じた。つまり，企業が引き起こす環境問題（E）は，同時に地域住民の人権問題（S）でもあると指摘された。

　これと同じく，海外贈賄は，法令違反というガバナンス（G）問題であると同時に，企業の営利目的のために従業員が危険な業務に身を晒すという，従業員の人権問題（S）でもあることに思い至ってほしい。

　そして，従業員の人権を守るための海外贈賄防止体制を構築してほしい。

ケース3 役員関与事案と危機管理チームの対応

＜事案の概要＞

　あなたは，Ｃ社の執行役員コンプライアンス部長です。Ｃ社は，建築・土木のコンサルタント業を営む上場会社で，東京に本店を置き，国内の他，海外にもＺ国にあるCZ社を含め8社の子会社を有しています。海外プロジェクト案件は海外営業本部が所管しています。

　2020年11月2日，東京国税局がＣ社の税務調査に着手したところ，海外営業本部で約1億円の使途不明金がみつかり，同本部がＺ国の海外プロジェクト案件で，外国公務員に対してリベートを提供していた疑いが発覚しました。

　Ｃ社は，社長の指示により，企業の危機管理と刑事手続にも精通している弁護士に事情を説明し，この弁護士をアドバイザーに加え，本件に関与していない役員である執行役員コンプライアンス部長（あなた）をトップとして危機管理チームを設置し，調査を開始しました。

　調査の結果，Ｃ社は，他2社と設立した合弁会社「プロジェクトＺリミテッド」がJICAによる円借款事業としてＺ国道路公社から受注した都市高速道路建設事業に関連して，同道路公社の発注を担当していた外国公務員Ｋからの要求を受け，自社に有利な条件で同工事を受注するため，取締役兼海外営業本部長Ｅの指示の下，CZ社の現地プロジェクト責任者であり日本人駐在員のＦが，現地のＨコンサル社長Ｔを介し，Ｋに対し，2017年5月から2018年1月の間，前後4回にわたり，CZ社の口座から合計1億円の賄賂を提供した事実が判明しました。

＜関係図＞

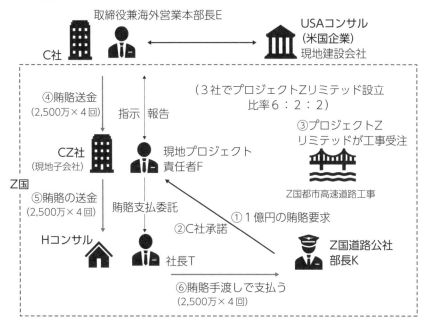

1　各種関係機関への対応

Q1 税務調査・適時開示・会計処理への対応

> 税務調査開始から1週間後，税務調査に対応していたC社経理責任者から，「国税担当者は，海外営業本部からCZ社に送金した1億円は，経理処理上，現地調査費や現地対策費などと処理されているもののその使途は不明であるので，C社のほうできちんと説明してほしいといっている。このままだと，それ以外の経費計上ミスも加え，2016年度から2018年度の3年間で約1億3,000万円程度の増額更正処分を行う可能性があるということです」との情報がC社に寄せられました。また，海外営業本部の担当者に確認したところ，CZ社に送金した1億円は，Z国で公共工事を受注する際に担当していた外国公務員に支払った賄賂の可能性があることがわかりました。
>
> これら報告を受けたC社社長は，中核事業に関する重大犯罪の可能性を考慮し，1億円の使途を含む外国公務員贈賄罪に関する事実調査に加え，将来のマスコミや捜査機関対応等も念頭に置き，企業の危機管理対応と刑事事件に専門性のある弁護士をアドバイザーに加えて，関係部署から人材を集めた「危機管理チーム」を結成し，同チームの主要メンバーで構成される「社内調査チーム」が事実解明の調査を開始しました。
>
> このような状況の中で，危機管理チームとしては，この税務調査や会計処理に関し，どのような対応をする必要がありますか。

◆A1◆

- 1億円の外国公務員贈賄罪の可能性のある使途不明金に関する税務調査対応であり，重大な危機管理案件との意識を持ち，経理部門の責任者と危機

管理チームが連携しつつ，国税当局への対応および事後的な会計処理を適切に行う必要がある。税務専門家を初めからアドバイザーに加えておくことが必要。脱税事件としての査察案件になることだけは絶対に避ける。

● 本件の場合，調査開始時点では使途不明金の内容，金額や使途先が確定しておらず，金額が変更する可能性もあるので，この時点で適時開示は不要であるが，会計監査人（監査法人）に対しては，早めに報告しておく。調査の結果，金額的重要性があることが判明すれば適時開示を行うことになるので，調査の進捗について留意していく必要がある。

● 調査の結果確定した事実に基づき会計処理や過去に遡っての決算訂正をする必要がある。有価証券報告書の訂正が必要となる場合，会計監査人に報告・相談の上，証券取引所や財務局へ速やかに報告する必要がある。

解　説

(1)　税務対応

　本件では，国税調査で国税担当官より不適正な税務処理を指摘されている。この場合，C社において，税務署による更正処分を受ける前に自主的な修正申告を行うことを目指すべきである。

　近時，国税当局から会社自身でまずは調査を行った上で修正申告を行うことを求められる事案が増えている。特に，税務上の仮装，隠ぺい行為や使途秘匿金とみられる税務処理を行っている場合はその可能性が高い。

　本件では危機管理チームが結成されているが，会社経理部などの既存の部門も危機管理チームと密接な連携をとる必要がある。特に，本件のように仮装，隠ぺい，使途不明金が関係する事案では，税務上，使途秘匿金[1]となり得るかなどを検討する必要がある。この点，会社内の調査

が不十分な場合は国税当局から納得を得ることができず，自主的な修正申告が認められず更正決定され，または国税査察を受けることも考えられる。それを避けるため，危機管理チームに対する全社的な協力体制を構築することが必要である。また，調査の結果，修正申告すべき金額を確定させた場合，国税当局に主体的に修正申告を行い，追加納税額を速やかに支払うとともに，会計処理も適正に修正する。脱税事件としての査察案件になることだけは絶対に避ける。

　さらに，本件では，Z国の税務実務によってはZ国における脱税としてZ国の刑法犯に問われる可能性がある。この場合，Z国の税務実務を十分に情報収集して，適切に税務当局対応する必要があり，Z国の会計事務所，法律事務所と密接に連携して対応する必要がある。

(2)　適時開示

　会社が1億円の使途不明金が外国公務員への賄賂の可能性があり，社内調査を開始したならば，その時点で証券取引所への適時開示が問題になる。ただし，本件では，調査開始時点では使途不明金の内容，金額や使途先が確定しておらず，金額が変更する可能性もあり，また現時点で想定できる金額が1億円程度でC社の規模から金額的重要性が低いので，この時点での適時開示は不要であることを前提としている。

　もっとも，国税調査により不正経理の具体的な疑義が生じ，また投資

1　使途秘匿金とは，法人がした金銭の支出のうち，相当の理由がなく，その相手方の氏名または名称および住所または所在地ならびにその支出事由（相手方の氏名等）をその法人の帳簿書類に記載していないものをいう。使途秘匿金の支出があった場合，その支出額に対して40％の追加課税が行われる。赤字決算の法人にあって，通常の法人税が生じない場合においても，使途秘匿金に対する追加課税の税負担が発生する（租税特別措置法62条）。

家にとって影響がある内容・金額である蓋然性が高い事情がある場合は，適時開示が遅れると，投資家への情報開示が不適切との非難を受けることになる点に留意が必要である。

　近時は不法行為が行われた場合は，会計監査人が監査上評価する必要がある旨の監査基準が公表されており，会計監査人との協議は速やかに行うべきである。したがって，本件においても，会計監査人（監査法人）に対しては，「1億円の使途不明金を国税から指摘されていること」を早めに報告しておくべきであろう。

(3)　事後的な会計処理

　本件では贈賄として支出した1億円を現地対策費などとして経費処理していたことは，事実と異なる不適正な会計処理になり，また質的重要性も認められるから過去に遡及して会計処理を訂正し，過年度決算を修正するとの判断がなされることは十分あり得る。事後的な会計処理の基本的な考え方および有価証券報告書を訂正する場合の実務的な注意点は，ケース1のQ10を参照されたい。

　なお，一度，訂正有価証券報告書を提出した後に再度，訂正を行い，または会社において一度訂正を不要と判断した後に訂正報告書を提出することは，企業価値を大きく毀損する危険があるので注意が必要である。

　また，本件で有価証券報告書の訂正が必要となる場合，会計監査人に報告・相談の上，証券取引所や財務局へ速やかに報告する必要がある。

　有価証券報告書の訂正を行った場合，特に有価証券報告書の訂正期間に新株発行等による資金調達を行った場合は，課徴金を科される場合がある。この場合は，証券取引等監視委員会の調査を受けることになる。

Q2 社内調査中にマスコミ取材を受けた場合の対応

> 社内調査チームが調査を開始して10日後，大手マスコミＹ紙の社会部記者が，Ｃ社広報担当者に対し，「Ｃ社がＺ国で受注した高速道路工事に絡んで，発注者側の外国公務員側に多額の賄賂を提供した疑いがあるという情報を入手している。この関係で貴社のコメントがほしい」という取材申出がありました。社内調査チームが調査報告書をまとめるにはなお10日程度必要とされています。この取材申出を受け，危機管理チームとしては，Ｙ紙を含むマスコミ，捜査機関，JICA・外務省その他の関係機関などに対しどのような対応をしますか。

◆A2◆

- Ｙ紙の取材対応には当面，「ノーコメント」の対応をする。その上で，近日中に指摘された内容程度の報道がなされる可能性が高いので，それを前提にした社内対応，マスコミや捜査機関などの関係機関対応を行う必要がある。

- 危機管理チームは，（常勤）監査役に状況を説明していない場合は遅くともこの時点で状況を報告するとともに，社外役員にも個別に対応状況を説明しておく。

- Ｙ紙に報道がなされた場合にただちにプレスリリースできるよう，簡潔なプレスリリース文と想定Q&Aを準備する。社内における情報管理のさらなる徹底とマスコミ対応の広報部への一元化を図る。

- 捜査機関に対しては，原則として，マスコミ報道がなされたタイミングでただちに危機管理チームにおいて相談に行き，社内調査中であること，必要があれば捜査に協力することを説明し，強制捜査の対象とならないよう信頼関係を構築する。JICAに対しても，捜査機関同様，マスコミ報道後ただちに一報を入れる（措置減免措置を念頭に置く）。

解　説 ●───●

(1)　基本姿勢

　現在，社内調査が開始して間もない状況であり，調査終了まで少なくとも10日間を要する状況であるから，正確な事実関係を把握できておらずこの段階で適切な対応は困難である。したがって，Y紙の取材要求には「ノーコメント」で対応する。

　しかし，Y紙は，記者の入手した情報程度の記事を近日中に報道する可能性が高いことを社内で認識を共有すべきである。それに応じて，以下に述べるとおり，社内対応，マスコミ対応，および捜査機関などの関係機関対応を行う必要がある。

(2)　ガバナンスを効かせるための社内対応

　海外贈賄を含む企業不祥事において，社外役員への情報開示が不十分である場合，不祥事の隠匿につながるおそれがある。特に，海外贈賄は企業自体が犯罪の主体となる危険があり，本件のように経営陣の一部が関与する場合も多い。したがって，危機管理および調査に客観性を持たせて公正さを確保するべく，監査役と社外役員への情報開示を積極的に行う必要がある。

　また，危機管理チームは，海外贈賄の疑いが生じた段階で，早期に（常勤）監査役および社外役員に対して，状況を報告するべきであるが，マスコミ取材が開始した段階においていまだに報告していない場合には，ただちに個別に対応状況を説明する必要がある。

その上で，これらの役員に対して，危機管理チームが，会社の上層部の保身のために調査範囲・調査方法を不当に限定することなく，適切に対応しているか否かのモニタリングを求めることが妥当である。

(3) マスコミ対応

危機管理チームは，Y紙による報道がなされた場合にただちにプレスリリースできるよう，プレスリリース文と想定Q&Aを作成するなどの準備活動が必要である。その発表文は，「現在，外部の専門家を加えた調査チームで調査中です。調査が終了した時点で適切な対応を行う予定です」などの内容となる。

また，マスコミの取材攻勢が生じた場合，本社ビルでの従業員への声かけ，役員の自宅訪問取材などが行われることもある。万一，情報のリークが行われた場合には企業の信用を不必要に毀損するリスクが生じるので，社内での情報管理をさらに徹底する必要がある。具体的には，本件に関する情報を知る役職員の範囲を明確にしてリスト化し，必ずしも情報を知る必要がない職員に対して情報を共有しない体制を構築する。また，危機管理チームの会議において，情報管理の重要性を再確認するとともに，調査情報を統一的に管理する必要がある。

さらに，マスコミ対応は，広報部の担当者その他の危機管理チームの担当者に一元化し，それ以外に個別の取材には応じないことを徹底する。

加えて，レピュテーションリスクのコントロールのためにPRエージェントを起用して，その助言を受けながら，開示の内容・タイミング，謝罪会見の開催・方法などを検討することも考えられる。

(4) 捜査機関・関係機関対応

　検察庁に対しては，原則として，マスコミ報道がなされたタイミングでただちに危機管理チームの弁護士が相談に赴くことが妥当である。その際，社内において調査中であること，および必要に応じて捜査に全面的に協力することを説明し，強制捜査の対象とならないことを目指して信頼関係を構築するよう努力する。これにより，刑法上の自首，合意制度の活用による刑の減免に向けた捜査当局との協議の土台を作る必要がある。

　なお，近日中にマスコミ報道が行われることがほぼ確実であり，社内調査において贈賄の事実がほぼ確からしいと判断される状況においては，マスコミ報道を待たずに捜査機関に相談に赴くことも有力な選択肢の1つである。

　また，JICAとの関係では，本件につき，外国公務員贈賄罪に該当する行為が発覚したとしてC社に対して入札資格停止処分を行う可能性がある。他方で，自主申告をした場合にその措置の減免が認められており，その措置減免制度の要件として，「自主申告前にJICA又は外務省からの事実確認の照会を受けていないこと」が求められている。

　この点，マスコミ報道が行われると，JICA等から会社にただちに照会が来ることが一般的である。したがって，JICAに対しても，捜査機関と同様，原則マスコミ報道後ただちに，または，近日中にマスコミ報道が行われることが確実であれば報道前に，「JICA案件で，海外贈賄行為の疑いがあり，現在社内で調査中」であるとの一報を入れ，適宜，自主申告を行うことが妥当である。

Q3 社内調査中にマスコミ報道された場合の対応

> 危機管理チームが調査を開始して14日後，大手マスコミY紙
> が「C社がZ国で受注した高速道路工事に絡んで，発注者側の
> 外国公務員に多額の賄賂を提供した疑いがある」旨を大きく報
> 道しました。この時点で，危機管理チームは，「本件賄賂提供
> の指揮は常務取締役である海外営業本部長が行っていたこと，
> すでに公訴時効が完成しているものの，Z国では，本件以外に
> 過去に2回賄賂供与の事実があり，しかも，過去の2つの事件
> には代表取締役会長が関わっていたこと，代表取締役社長は海
> 外営業本部の経験はなく一連の事実関係を全く知らないこと」
> 等の心証を得ていましたが，社長や会長の事情聴取はいまだし
> ていません。危機管理チームとしては，社内調査メンバーの補
> 充や調査の範囲，会社への報告などについてどのように対応し
> ますか。第三者委員会の設置についてはどのように考えたらよ
> いですか。また証券取引所にはどのように対応しますか。

◆A3◆

- 会社の中核業務に関わる組織ぐるみの重大犯罪の可能性が高まることで，
  調査結果を踏まえた迅速な事実解明と関係機関への対応のみならず，ス
  テークホルダー対策（レピュテーションリスク対応）としての独立性の高
  い公正な調査の要請も満たす必要があり，その観点から解決策を検討する
  必要がある。
- 危機管理チームは，メンバーの補強をしつつ調査を継続させ，少なくとも
  Z国案件については，会長ら役員クラスの関与も含めたそれまでの事実調
  査の結果を報告書にまとめ，社長に報告するとともにマスコミ対応を含む
  社内外の調査後対応に備える必要がある。

- 本件設問の前提条件の場合，第三者委員会設置が求められる案件といえる。第三者委員会を設置した場合，危機管理チームとの連携が必要となる。
- 本件マスコミ報道がC社の株価に影響を与える報道だとして，証券取引所から何らかの対応を求められる可能性があり，証券取引所に対しても，事前に準備しておいたプレスリリース文を「本日の一部報道について」と題して開示する。

解　説 ●————————————————————————●

(1)　危機管理チームの対応方針

　本件では，「代表取締役会長」が過去の賄賂供与に関与していた疑いが発覚したため，トップ経営陣が関与する組織ぐるみの重大犯罪の可能性が高いということができる。

　したがって，それまでの調査結果を踏まえた迅速な事実解明と関係機関への対応だけでは不十分であり，株主を含むステークホルダー対策（レピュテーションリスク対応）として，独立性の高い公正な調査を実施することを検討する必要がある。

　そこで，その関与に関して調査を実施する必要があるため，危機管理チームにおいて，インタビューの実施範囲および文書レビューの範囲の拡大に伴って，適宜，社内調査メンバーを補強する。具体的には，外部弁護士のメンバーを増強するなどの対応が考えられる。また，代表取締役会長に近いメンバーなどが危機管理チームまたは調査チームに入っている場合には，利益相反の観点から，排除するなどして情報管理を徹底して危機管理および調査に対して不当な影響が生じない体制を構築する

必要がある。

　そして，調査チームにおいて，会長ら役員クラスの関与も含めてZ国案件について調査を完了させ，それを報告書にまとめ，事件への関与の疑いのない代表取締役社長に報告する。そして，危機管理チームにおいては，その調査結果に応じて，マスコミ対応を含む社内外の調査後対応に備える必要がある。

(2) 第三者委員会設置の必要性と危機管理チームとの連携

　本件では，代表取締役会長を含む役員の関与が疑われ，内部統制の有効性や経営陣の信頼性に相当の疑義が生じている場合であると考えられる。したがって，日本取引所が公表する「上場会社における不祥事対応のプリンシプル」に基づき，通常，企業から独立した外部の第三者委員会による中立・公正な調査と事実認定が求められるケースである。特に，本件ではすでにマスコミに報道されており，ステークホルダーや監督機関が厳しい監視の目を向けていることからも，危機管理チームにおいて，社内調査終了と同時期に上記調査を対象とした第三者委員会設置の進言を社長に行うべきと考える。第三者委員会設置については取締役会で決定すべきで，委員の選任には，社外監査役や社外取締役が主導的な役割を果たすことが望ましい。

　第三者委員会の設置のタイミングとしては，先行する社内調査が一段落した時点が適切である。これにより，先行する社内調査との間の混乱を防止することができる。

　第三者委員会の調査範囲としては，会社がZ国以外の贈賄リスクが高い国において案件を行っている場合，他国案件についても件外調査を実

施するとともに，内部統制上の欠陥を含めて贈賄事件発生の根本原因に
切り込む必要がある。その上で，適切な再発防止策の提言が求められる。

⑶　危機管理チームと第三者委員会の関係

　危機管理チームは，社内調査チームによる調査結果を踏まえ，報道さ
れているZ国案件（1億円の賄賂）を基礎としてマスコミや関係機関対
応を行う。その際に，主要経営陣が関与していた疑いがあることを理由
に，会社から完全に独立した第三者委員会を設置して根本原因や対策，
件外調査を実施することも公表する。

　すなわち，危機管理チームはマスコミ対応，捜査当局対応，JICAそ
の他の関係機関対応を行い，その対応を行うに際して必要な社内調査を
実施する。他方で，第三者委員会は，社会的信頼回復・維持，アカウン
タビリティの確保の観点から，完全な独立性を保ち，事件が発生した根
本原因（例えば，売上利益の偏重，コンプライアンス意識の欠如，内部
統制上の欠陥等）を調査し，余罪などがないかを件外調査する。

　このとおり，危機管理チームと第三者委員会はその活動の視点が異な
る。しかし，その究極的な目的は会社の企業価値の再生である点で一致
するので，意思疎通を図りながら歩調を合わせて調査活動等を実施する
必要がある。もっとも，第三者委員会は，その独立性にこそ意義がある
ので，例えば危機管理チームの意向に沿って調査範囲を不当に限定する
などして独立性に疑義を生じさせてはならない。

(4) 証券取引所への対応

　大手マスコミ Y 紙が本件の疑いを報道すれば，投資家がその報道をみて動揺し，株価が乱高下することも考えられる。証券市場を運営して上場会社を管理する立場の証券取引所において，上場会社である C 社から何らかのプレスリリースを出させることにより，投資家に追加の情報を提供して株価の安定を図ることが考えられる。したがって，そのような報道がなされれば，証券取引所から C 社の IR 部門に連絡が来て，何らかのプレスリリースを出すことを要請されることも考えられる。

　こうした事態に備えて，C 社の IR 部門として事前にプレスリリース文を準備しておき，報道が先行する事態となれば，これを「本日の一部報道について」と題して開示するという対応が考えられる。

2 役員関与事案における対応

役員関与事案における事件関係者への責任追及

第三者委員会の調査結果により判明した事実を踏まえ，C社として，企業価値再生の一環として，事件関係者（C社も含む）への責任追及・人事処分を行う場合，どのような点を検討する必要がありますか。

◆A4◆

- 本件事案の重大性に鑑み，会社の捜査機関に対する自主申告，事件関係者の告発は不可欠で，その際に可能であれば，合意制度も検討する。

- 取締役に対する善管注意義務違反としての損害賠償請求が考えられ，その必要性があれば，改めて外部弁護士からなる「法的責任判定委員会」などを設置して法的責任の範囲や損害の範囲を特定して対応する。

- 会長や取締役の経営責任追及の仕方としては，辞任または株主総会における不再任，解任の他，報酬減額，退職慰労金の不支給などを検討する。

- 従業員の懲戒処分については，社内の就業規則に則り，本件への関与の態様と程度，社内における地位や立場，反省の態度や調査における真相解明に果たした役割など有利・不利な事情を総合的に判断して決める。その際，処分の時期や公表のタイミングは捜査の進捗状況などを踏まえつつ慎重に行う。

解　説 ●━━━━━━━━━━━━━━━━━━━━━━━━━━━●

(1)　刑事責任の追及

　本件では，1億円という贈賄金額が多額であり，常務取締役である海外営業本部長Eの主導，本件以外の贈賄に代表取締役会長が関与していたことからすれば，事件の重大性は明らかである。

　したがって，会社として過去の文化と決別して信頼を回復するためには，会社の捜査機関に対する自主申告，事件関係者の告発は不可欠であり，その際に可能であれば，合意制度も検討する（後述Q5，Q6でさらに検討）。

　さらに，こうした信頼回復に向けた一連の刑事責任の追及は，会社の経営陣による意思決定として取締役会決議で行うことが妥当である。

(2)　民事責任の追及

　外国公務員に対する贈賄行為は，法令違反行為である以上，これに関与が認められる本件常務取締役や影響を及ぼしていると評価できる代表取締役会長に対しては，取締役としての善管注意義務違反に基づく損害賠償責任を追及することができる。

　その際，財産上の損害の認定や責任の範囲の特定が必要となるが，第三者委員会とは別に外部弁護士からなる「法的責任判定委員会」などを設置して損害の範囲や法的責任の範囲を調査・特定する対応をすることが考えられる。

　「法的責任判定委員会」は，それまでの刑事対応（司法取引を含む）

および社内調査または第三者委員会調査報告を前提に，客観的な立場から法的責任（善管注意義務違反の有無等）を判定することを目的とする。その結果，取締役に対する損害賠償請求の訴訟提起をすることになれば，監査役会ないし監査委員会が主体となって行う。

(3)　役員の経営責任追及

　本件において，会長および主体的に関与した取締役兼海外営業本部長Eに対する経営責任追及として，辞任または株主総会における不再任，取締役が責任を認めない場合には株主総会による解任を行うことが不可欠となる。さらに，事案により，退職慰労金の不支給・減額，ストックオプションの剥奪などの検討も必要となる。

　社長，およびその他の関与した役員に関しては，その関与の程度に応じて，報酬の減額，退職慰労金の不支給・減額などの対応が必要となる。

　役員の責任追及において特に重要であるのは，贈賄に関与した従業員に責任を押し付けて経営陣の責任を追及しない「トカゲの尻尾切り」に陥らないということである。

　その判断の公正を確保するべく，社外取締役が積極的に役割を担うことが期待され，指名・報酬（諮問）委員会が設置されている会社においては，それぞれ指名・報酬の観点から検討の後に取締役会が判断するべきである。

(4)　従業員の責任追及

　事件関係者となっている従業員に対する責任追及としては，懲戒処分

が考えられる。懲戒処分は，就業規則に従い，関与の態様，地位，反省の態度，調査協力等を総合的に判断して決する。なお，処分の時期や公表に関しては，捜査への協力の観点から処分時期をどのタイミングで行うか検討するとともに悪質性が高い場合を除き，プライバシー保護のため，再発防止に必要な限度において，社内において個人名を開示せずに事案の内容と懲戒の概要を通知するにとどめることが一般的である。

Q5 役員関与事案における合意制度活用の可否

> 危機管理チームの調査結果から判明した事実は，エージェント
> による賄賂の授受も含め証拠上明確に認定できるものでした。
> その場合，①会社役員が首謀者，②時効とはいえ，代表取締役
> 会長も過去の犯罪行為に関与，③賄賂金額が1億円という悪
> 質・重大事案においても，C社を本人としてC社の処罰軽減を
> 求める合意制度は適用できますか。なお，C社には，不正防止
> に関する一般的なコンプライアンス規程はありましたが，内外
> の贈賄や腐敗防止に関する内部規定はなく，贈賄防止に関する
> 内部統制システムは極めて脆弱な状態でした。

◆A5◆

- 外国公務員贈賄罪は一般的に合意制度に適した事件で，本件でも検察官との交渉次第で合意制度適用の余地はある。
- 検察が指針で示している「国民の理解が得られること」は相対的な概念であるから，検察の運用指針と検察の関心の程度を理解し，誠実で粘り強い交渉を行うことが重要である。

解　説

(1) 外国公務員贈賄罪は一般的に合意制度に適した事件である

本件のように，会社役員が首謀者で賄賂金額も1億円という悪質・重大事案で，しかも会社の事前防止対策も不十分な事案の場合であっても，合意制度が利用できるか否かは，第1部「④ 日本における検察官との合意制度（日本版司法取引）」で解説しているとおり，検察官の裁量判

断である。したがって，検察官との交渉次第では，会社が希望する合意の余地は残されている。

　外国公務員贈賄罪は，会社の組織的な犯罪という性格を有する上，海外での賄賂の授受等の事実解明のため，外国での事実調査が不可欠の事件である。そのため，外国における直接的な捜査権限を持たない検察において，独自に犯罪成否の証拠収集を行うことが極めて困難な犯罪といえる。したがって，会社が適切な社内調査により事実関係を明らかにし，海外に所在する証拠など通常の捜査では入手困難であるが立証に不可欠な証拠を検察に提供することができれば，それは検察からすれば，「従来の捜査手法では同様の成果を得ることが困難な場合」の典型的な事例といえる。その意味で，外国公務員贈賄罪は一般的に合意制度に適した事件といえる。

　そこで，本件事案では，検察が重視していると思われるもう1つのポイントである，「国民の理解が得られるかどうか」の判断が，合意制度適用を左右すると思われる。

(2)　国民の理解が得られるかどうかの考え方

　そもそも「国民の理解」というのは，合意制度に関する刑事訴訟法上の条文上の要件ではなく，検察が打ち出した運用上の考え方である。条文上は，本件事案に即してわかりやすくいえば，「協力行為によって得られる証拠の重要性」と「会社犯罪の軽重及び情状，その他の事情」とを比較考慮して検察官が必要と認めるときに適用できることになっている。つまり，検察官の必要性の判断基準の要素として「国民の理解が得られるかどうか」を示しているにすぎない。また，「本人の事件につい

ての処分の軽減などをしてもなお，他人の刑事事件の捜査・公判への協力を得ることについて国民の理解を得られる場合」としているとおり，本人の刑事処分の軽減の程度（例えば，不起訴か罰金か）が変化すれば，国民の理解ひいては検察官の必要性判断も変化し得ることになる。

このように，検察官の合意制度適用の必要性判断と表裏の関係にある「国民の理解」は，①協力行為によって得られる証拠の重大性・不可欠性，②会社への処分軽減の具体的内容，③会社犯罪の軽重・情状の程度という3つの要素によって変化し得る相対的なものであることをまず押さえておく必要がある。

他方で，合意制度は検察官との司法取引であり，取引相手である検察側がどの程度外国公務員贈賄罪の摘発・処罰に興味・関心があるかという観点も押さえておくべき重要なポイントといえる。この観点でいえば，外国公務員贈賄事件の摘発・処罰は，国際間の公正な商取引実現のため，近年各国の捜査当局が重要視している犯罪分野の1つといえる。日本の検察としても当然その摘発に重要な意義を感じていると思われる。ところが，賄賂の授受を含む事件の中心舞台が海外であることから，現実的な摘発は困難で摘発件数も少ない。そのため，検察からすれば，C社側からの本件協議開始の申出は極めてありがたい申出といえよう。

さらに，新たに導入した合意制度はこれまで数件しか適用されていない。外国公務員贈賄事件のように合意制度に適する事件について，可能であれば制度適用件数を増やしていきたいと思うのが検察の本音であろう。その意味で，C社から外国公務員贈賄事件について合意制度に向けた協議開始の申出がなされれば，検察にとっても前向き・積極的に進めていきたい案件といえる。検察との交渉においては，このような検察側の関心度についても念頭に置く必要がある。

　これらのことを総合して判断すると，本件のような悪質・重大といえる案件でも合意制度を活用する余地は十分認められる。したがって，Ｃ社およびその担当弁護人は，このような合意制度に関する検察の運用指針や検察の関心度を正確に理解し，誠実かつ粘り強く交渉することにより，希望する合意に至る余地は残されている。

Q6 本件における合意制度活用の留意点

> 本件で，Ｃ社が合意制度を活用する際の具体的な協力行為と合意内容はどのようなものが予想されますか。Ｃ社が本件のような悪質・重大事件において，合意制度を活用して処罰の軽減を求めるために必要な，Ｃ社に有利な情状はどのようなものですか。

◆A6◆

- Ｃ社の協力行為は，賄賂の授受に関する証拠と首謀者である海外営業本部長Ｅの共犯性を認定するための証拠の提供である。
- Ｃ社は，まずは不起訴処分を求め，それでは合意がまとまらない場合，略式請求など次善の策を求めることになる。
- Ｃ社に有利に働き得る情状は，①経営体制の刷新，②実効性のある贈賄防止策の徹底，③徹底した社内調査など事件発覚後の対応が適切であることの３点である。

解　説 ●━━━━━━━━━━━━━━━━━━━━━━━━━━━●

(1)　Ｃ社の具体的な協力行為

　Ｃ社が本件で合意制度を活用する場合，取締役兼海外営業本部長Ｅを首謀者とする１億円の外国公務員贈賄事件を「他人」の事件として選定し，Ｃ社を「本人」として検察官に対し協議開始を申し入れることになる。

　この場合のＣ社の具体的な協力行為としては，①賄賂の授受に関する

証拠，②首謀者であるEの共犯性を認定するための証拠の提供が想定される。

　賄賂の授受に関する証拠としては，C社からCZ社，CZ社からHコンサルへと流れた賄賂の原資たる金の流れとそれに対応する経理関係に関する客観証拠，外国公務員Kに賄賂を直接供与したHコンサル社長Tのヒアリングを録音・録画した記録媒体の提供などが考えられる。Eの共犯性に関する証拠としては，Eとその指示を受けた現地プロジェクト責任者Fら部下とのメールやSNSのやりとりなどの客観証拠，Fの供述の提供が考えられる。

(2)　C社の処分軽減内容

　C社の処分軽減策としては，まずは不起訴処分を求めるべきである。本件は，事案の悪質性・重大性の観点からは，実行責任者のEやFはもとより，C社も確実に公判請求されて刑事裁判に至る事案といえる。しかし，Z国における賄賂の授受に関する証拠はC社ないしC社から管理を委託された弁護人が任意にこれを提供しない限り，検察が独自に入手することは極めて困難である。というのも，協議が開始されれば，検察は同じ事件でC社を捜索・差押えすることは考えられず，仮に実施しても，協力行為に係る客観証拠を弁護人が管理・保管し，押収拒絶権を行使すればやはり入手できない。したがって，検察側はC社どころかEもFも処罰できなくなる。それよりは，Eら事件関係者だけでも処罰し，C社は再発防止や社会的責任を果たすことで合意したほうが検察にとってよいのではないかという考え方は，合意制度の下におけるC社の交渉戦術として十分成り立つであろう。このような戦術は，第1部のコラム

③記載のとおり，近年の刑事司法における国際的な潮流にも合致し，検察官からみても対等な交渉相手の戦術として許容し得るものと思われる。

しかし，検察がこれに否定的な態度を示す場合，次善策も用意しておく必要がある。この場合，検察の否定的な態度の理由について交渉の中で分析し，①後記(3)で記載するＣ社側の有利な情状をすべて満たせば不起訴合意の余地もあるのか，②他の事件関係者が別に協議を申し入れている，あるいは，外国との司法共助により海外在住証人から供述を得られる見込みがあるなど，会社の協力行為がなくても立証に不可欠な証拠の入手可能性があり得るかを想定することが重要である。

①の場合であれば，後記(3)で述べるとおり，可能な限りＣ社に有利な情状を示し不起訴合意で粘ってみる。②の可能性があるなら，検察が協議を打ち切る可能性もあるので，その前に不起訴は諦め，次善策として略式命令（罰金100万円以下）の申出を検討する。また，一部不起訴と略式命令を組み合わせることも法律上可能であろう。本件の場合，賄賂を４回に分けて支払っており，それぞれ併合罪の関係に立つので，そのうち最初の分2,500万円の賄賂を略式請求するという合意である。

いずれにしても，こういった対応を適切に行うためには，担当弁護人と検察官が，相手の立場も理解した上で相互に信頼できる関係を継続することが最も重要で，どういう条件であれば検察側も了解するか腹を割って話し合い，弁護人としては，検察官およびＣ社双方が納得するまで誠実かつ粘り強く交渉することが求められる。

(3) Ｃ社の刑罰の軽減を実現するためのＣ社に有利となる情状

本件のように，会社組織ぐるみの犯罪に関し，取締役とはいえ，Ｅや

事件に関わった従業員のみが起訴され会社が不起訴処分となると，マスコミからは「トカゲの尻尾切り」と強い批判を受けることが予想される。その結果，検察が，国民の理解が得られないのではとして合意内容に難色を示す可能性が出てくる。そこで，前記(2)で示した不起訴処分などの刑事処分軽減策を合意内容とするためには，Ｃ社は，「トカゲの尻尾切り」などの批判を回避あるいはできるだけ軽減するために，Ｃ社の有利な情状を積極的に検察に示していく必要がある。

　このような情状としては，①経営体制の刷新，②実効性のある贈賄再発防止策の徹底，③事件発覚後の社内調査の徹底や捜査協力など，事後対応が適切でガバナンスが適切であることの３点が考えられる。また，不正行為により得た利益がある場合，その利益を吐き出すことも事後の有利な情状となる。本件のような外国公務員贈賄事件において，得た利益とその吐き出し方をどうするかは困難な問題であるが，公的機関への寄付など事案に応じて検討する余地はあろう。

　①の経営体制の刷新に関しては，例えば，旧体制の経営陣が経営責任を果たして総辞職し，新たな経営体制で再出発する形を整えることができれば，いわばトカゲの頭も切った形となる。その結果，旧体制下の首謀者Ｅを処罰し，Ｃ社は不起訴という結果となっても，再出発するＣ社は，会社の社会的責任を果たすとともに，再発防止策を徹底することにより，国民からもステークホルダーからも一定程度の理解は得られる可能性はある。そうなると，「国民の理解が得られないとまではいえない」と検察が前向きに判断する可能性も十分あり得る。Q4で検討した関係者の責任追及はこの観点からも極めて重要である。

　②実効性のある贈賄再発防止策の徹底については，Q7で解説する。なお，実効性のある汚職防止対策は，すべてを実施するまでに相当の時

間を要する。そのため，事件の根源的原因と防止対策などに関する第三者委員会の調査結果報告を待つまでもなく，実施できるところから準備を進めていくことが重要である。

　③に関しては，ア）事件発覚後，Ｃ社から独立した弁護士がアドバイザーとして積極的に関与し，徹底した社内調査により事実関係を解明した，イ）その後第三者委員会も設置し経営トップの責任や他の余罪まで調査を行った結果，他国では同種事件はなかった，ウ）事件がマスコミに出た直後（あるいは出る直前）に検察に事件相談を行い，その後一貫して捜査協力をしている，エ）関係者の社内処分や対外公表も適切であったなどの一連の事後対応が適切で，少なくとも事件発覚後のＣ社のガバナンスが適切で十分機能していることが主張できれば有利な情状として評価される。

　結局，本件犯罪自体は悪質・重大であっても，上記①から③のような事件発覚後のＣ社の有利な情状で不利な情状を可能な限り薄める。その結果，全体としてみると誰も処罰しない結果となるよりも，首謀者を中心に事件関係者だけでも処罰する価値があり，合意制度の下ではそれで国民に納得してもらうしかないと検察側が判断し得るような会社に有利な情状をいかに適切に示せるかどうかがポイントとなる。

Q7 実効性ある贈賄防止策の策定

> C社は，本件により毀損した企業価値を再生し，また本件に関するステークホルダー対策および刑事処分（合意制度活用）対策として，今後の徹底した不正防止対策が最も重要と考え，コンプライアンス部門担当執行役員をトップとし，監査部や法務部職員を加えた「海外贈賄防止対策委員会」を設置し，速やかに各種対策をとりまとめることとしました。本件の状況に鑑み，どのような実効性のある対策が求められるでしょうか。

◆A7◆

- 本件の根本的原因に遡り対策を検討する必要がある。
- 贈賄との決別，過去との断絶というトップ経営陣のコミットメントが重要である。
- 事業および地域特性に応じたリスクアセスメントを実施する必要がある。
- 実効性のある社内規程を整備する必要がある。
- コンサルタントを通じて贈賄が行われた本件では，再発防止の観点から，第三者の管理のための規程・手続の整備は不可欠である。
- 継続的な研修・教育プログラムを実施する。
- 運用責任者を設置し，継続的なモニタリングを実施する。

解　説 ●━━━━━━━━━━━━━━━━━━━━━━●

(1)　根本的原因に遡った対策の必要性

　本件は，C社が海外営業本部を中心に組織ぐるみで行ってきた海外贈賄事件であると判断される。その根本的な原因は，多額の賄賂を支払っ

て海外における大型プロジェクトを受注するという海外営業本部の倫理観の低さ，およびそれを容認する会社の経営方針そのものにあり，贈収賄防止のためのコンプライアンス体制が完全に欠如していた。

　したがって，海外贈賄防止対策を検討するには，この過去の経営方針ないし企業体質そのものとの完全な決別が不可欠であり，この点を中心に実効性のある対策を打ち出す必要がある。

　この詳細については，日本弁護士連合会の「海外贈賄防止ガイダンス（手引）」（主に1条から7条，9条，11条，13条）を参照されたい。

(2)　トップ経営陣のコミットメントの重要性

　C社は，会長や取締役ら経営陣が過去の贈賄に主体的に関わってきた経緯から，過去の経営方針と決別するには，贈賄との決別，過去との断絶というトップ経営陣のコミットメントが不可欠である。トップ経営陣が，全役職員に対して，グローバル企業が市場で生き残るためには公正な競争が不可欠なことを説明した上で，「たとえ100億円の商談を失っても賄賂を払ってはならない」という会社の基本姿勢を示す必要がある。

　さらに，トップ経営陣において，贈賄防止の姿勢を率先垂範し，贈賄リスクを伴ういわゆる「グレー」な取引は承認を行わず，コンプライアンス違反の役職員に対して公正かつ厳格な人事処分を決定することが望まれる。

(3)　リスクアセスメント

　C社は，国内外で大型公共工事を受注する企業であり，海外はもとよ

り，国内における贈収賄のリスクも考えられる。したがって，これらの事業および地域的特性に応じたリスク評価を実施する必要がある。具体的には，活動国の地域的な贈賄リスクの程度（Transparency International発表のCPI等），受注の形態（オペレーターとして入札への参加，合弁の形成，下請としての参加），許認可取得の要否，公務員との接点，下請管理，コンサルタント等の起用の実態などを総合的に検討する必要がある。また，既存の贈賄防止に関する内部統制（社内規程の整備状況，法務コンプライアンス人員の配置等）の脆弱性も確認する必要がある。

　そのリスクアセスメントの結果に基づき，規程の内容・手続の厳格さ等を決定する必要がある。

⑷　社内規程の整備

　行動規範等により会社の基本的な姿勢として「Zero Tolerance」（贈賄は一切許されないこと）の姿勢を明確にした上で，第三者の管理，寄付の管理，接待贈答・外国公務員の招聘などの規程とともに，その実効性を担保する各種具体的なガイドラインを整備する必要がある。

　これらの規程は，本社のみならず国内外の拠点にも適用するものとし，少なくとも日本語版・英語版を作成し，リスクが高い外国の場合は，当該国の現地語版も作成して現地の役職員への教育を徹底する必要がある。

⑸　第三者管理

　本件では，Hコンサルを通じて贈賄が行われたことから，再発防止の観点から，第三者の管理のための規程・手続の整備は不可欠である。

　贈賄リスクに応じて，採用時の第三者のデューデリジェンス，報酬の合理性・委託内容の明確性の確保，報酬の支払方法，委託契約への贈賄防止文言の挿入などの管理が必要となる。

　少なくとも，贈賄リスクの高い海外の取引において，コンサル等の第三者を起用するときは，厳格な手続を導入する必要がある。承認者においては，贈賄の疑いを払拭できない場合には，取引を決して承認しないように徹底する必要がある。

(6)　継続的な研修・教育プログラムの実施

　C社において，「Zero Tolerance」の意識を役職員に浸透させるためには，海外贈賄防止に特化した研修・教育プログラムの実施が不可欠となる。また，本件は，海外営業本部，海外拠点の役職員のみならず，本社役員も関与していた事案であるので，リスクベースアプローチの観点からは，これらの役職員に対して特に研修・教育を充実する必要がある。

　また，研修・教育では，単に社内規程の内容を伝えるだけではなく，賄賂支払の要求を受けた場合の対応についてケースメソッドを行うなどの実践的な内容を含む必要があり，定期的に実施する必要がある。また，海外営業本部への異動や海外に赴任する従業員については，異動・赴任の前に特別プログラムの研修を受けさせることも重要である。また，海外拠点の役職員に対しては必要に応じて現地語で実施するべきである。

(7)　運用責任者の設置とモニタリング

　コンプライアンス制度の実効性を確保するため，責任者・担当者を指

名して権限を与え，定期的なモニタリングにより運用状況を確認し，違反者に対しては適正な懲戒処分を行う必要がある。

　責任者としては，本社管理部門にチーフ・コンプライアンス・オフィサーおよび実務担当者を置き，リスクの高い海外拠点に担当者を置く体制が望ましい。その業務の実効性を確保するため，責任者・担当者には必要なアクセス権限が付与され，贈賄防止に関する情報を集約し，記録が一元的に管理される体制を構築する必要がある。

　また，継続的改善を行うため，定期的なモニタリングを実施してPDCAサイクルを継続することが肝要である。

　なお，海外拠点におけるリスク情報を早期に把握し対処するために，海外拠点を対象とした内部通報制度を整備・充実させる必要がある。例えば，従来の社内通報制度に加え，現地語対応が可能なグローバル内部通報制度を導入することが望ましい。

③　米国FCPAの域外適用

FCPAの域外適用のリスク

本件事案について，Ｃ社が中心となった３社からなるＺ国合弁会社であるプロジェクトＺリミテッド（Ｃ社出資比率６割）の１つに，米国企業USAコンサル（出資比率２割）も参加していました。調査の結果，現地のＨコンサルとのエージェント契約は合弁会社名義で行われていましたが，本件賄賂の原資は，４回ともＣ社本社からCZ社の口座を経由してＨ社の口座に入金され，合弁会社管理に係る口座からの賄賂の出金は認められませんでした。このような場合，米国の海外腐敗行為防止法（FCPA）が適用されるか否かを判断するため，さらにどのような点を調査する必要がありますか。

◆A8◆

- ●FCPAの犯罪構成要件と域外適用のリスクを理解し，それを踏まえた調査を行う必要があり，そのためには，調査初期の段階から，FCPAに精通している弁護人から助言を受ける必要がある。

- ●本件賄賂供与に関してUSAコンサルの関与の有無，Ｃ社単独による意思決定かつ実行といえるかどうか，USAコンサル担当者の積極的関与がなくても，Ｃ社が実行するのを認識，黙認しているような状況がなかったか否かなどを調査の対象とする。

- ●このようなUSAコンサルとの共謀以外にも何らかの米国接点があり，米国FCPAの域外適用の可能性がないか否かについても慎重に調査する必要がある。

解　説 ●━━━━━━━━━━━━━━━━━━━━━━━━━━━━●

(1) 米国FCPAの適用可能性

　本件は，USAコンサルが合弁会社であるプロジェクトＺリミテッド
に参加していたことから，米国FCPAの域外適用の可能性が問題となる
事案である。以下のとおり，米国FCPAと日本の外国公務員贈賄罪とは
様々な違いがあり，かつ非米国企業に対する域外適用のリスクもあるの
で，調査初期の段階から，FCPAに精通している弁護士から助言を受け
ることが重要である。

　第1部「⑤ 日本企業に適用される海外贈賄防止関連法」記載のとお
り，米国FCPAは，「賄賂禁止条項」と米国上場会社に適用される「会
計内部統制条項」から構成され，その適用範囲も広い。

　本件では，米国FCPAが日本企業であるＣ社および日本人の関与した
役職員に対して適用される可能性がある主な場合として，①米国関係者
（Domestic Concern）に該当するUSAコンサルとの間で「共謀」を行っ
た，または②Ｃ社およびその役職員が米国内で行為の一部を行ったと認
められる場合がある。

　そして，米国FCPAの適用が認められる可能性がある場合，その適用
範囲のみならず構成要件（外国公務員の定義，賄賂，腐敗の意図等）に
関しても調査および確認をする必要がある。

(2) 「共謀」

　「共謀」により米国FCPAが日本企業および個人に対して適用される

範囲には不確実性がある[2]。したがって，本件のように米国企業の関与が疑われる事件では米国FCPAに精通している弁護士から助言を受けながら，事実確認を行って慎重に検討する必要がある。

　特に，本件の賄賂は，Ｃ社やCZ社から支出されたものであり，合弁会社であるプロジェクトＺリミテッドの管理に係る口座からの出金は認められなかった事例である。したがって，そもそもUSAコンサルまたは合弁会社自体の贈賄の関与がなく，Ｃ社またはCZ社の担当者との間で意思疎通がなければ，「共謀」の事実が認められない。ただし，賄賂の支払の承認，依頼があった場合のみならず，賄賂の支払を認識していながら黙認していた場合も「共謀」の事実が認められる可能性があることには留意が必要である。

(3)　行為の一部または全部を米国内で実施

　FCPAリソースガイドによれば，非米国企業が米国を通じてＥメール・FAX，テキストを送信したり，米国の担当者と電話をしたり，米国銀行を通じて送金を行った場合も，米国内で贈賄行為の一部を行ったとして米国FCPAが適用される可能性がある。

　したがって，Ｃ社やCZ社の担当者等がこのような行為を行っていないかを内部調査の過程で確認する必要がある。

2　United States v. Hoskins – 902 F.3d 69（2d Cir. 2018）等参照。

Q9　FCPA域外適用が認められる事件の場合の調査や証拠保全の注意点

> Q8の追加調査の結果，FCPAの適用があり得るとの結論に達した場合，調査チームとしては，どのようなことに注意して調査を進め，あるいは証拠の保全を行う必要がありますか。

◆A9◆

- 米国では違反行為を認識した時点で文書保全の義務が発生する場合がある上，証拠隠滅による司法妨害に対する刑罰が極めて厳しいため，書類やデータを破棄しないように細心の注意を払う必要がある。
- 調査内容が，米国での裁判手続における弁護士・依頼者間秘匿特権（Attorney Client Privilege）として保護されるように留意する必要がある。
- 日本の当局と並行して，米国の当局にもタイミングをみて自主申告を行うことも検討を要する。この場合，日本の刑事手続，米国の刑事手続双方に精通した弁護士の適切な助言が不可欠である。

解　説 ●━━━━━━━━━━━━━━━━━━━━━━━━━━━━●

(1)　証拠保全の必要性

　米国では証拠隠滅による司法妨害に対する刑罰が極めて厳しいため，書類やデータを破棄しないように細心の注意を払う必要がある。

　米国法によれば，連邦捜査において記録・文書等を変更，破壊，切断，隠ぺい，改ざん，または虚偽の入力を行った者は，罰金のみならず20年以下の禁固刑を科される可能性がある。第三者に司法妨害を教唆した場

合も，処罰される可能性があるため，注意が必要である。

　そのため，社内調査においては，Litigation Holdと呼ばれる証拠隠滅の禁止に関する通知を関係者に送付するとともに，フォレンジック専門業者を起用して証拠保全を速やかに実施する必要がある。

(2)　弁護士・依頼者間秘匿特権に基づく保護の確保の必要性

　社内調査の結果については，米国での裁判手続において弁護士・依頼者間秘匿特権（Attorney Client Privilege）として保護されるように措置を講じる必要がある。

　米国では，連邦裁判所における秘匿特権が，連邦証拠規則（Federal Rules of Evidence）501・502条に基づき認められている。検察官が捜査にあたって準拠する司法マニュアルにおいても[3]，捜査における弁護士・依頼者間秘匿特権等の保護が規定されている。

　ただし，裁判所が秘匿特権を認めるのは，一般的に，①法的な意見が求められ，②その意見が法的な専門家によってなされる際に，③そのための弁護士と依頼者間の交信であって，かつ④それが秘密裏になされるなどの条件を満たす場合に限られる[4]。

　企業が内部調査を実施するにあたって留意が必要なのは，調査において録音がなされることが多いところ，ヒアリングの録音データは秘匿特権の対象とならない場合があることである。また，米国の判例[5]を踏ま

3　Justice Manual 9-28.710 - ATTORNEY-CLIENT AND WORK PRODUCT PROTECTIONS

4　https://www.nichibenren.or.jp/library/ja/committee/list/data/attorney-client_privilege/final_report.pdf

5　Upjohn v. United States, 449 U.S. 383（1981）

え，調査においては調査対象者に対して「Upjohn Warning」という告知を行うことで，聴取記録に関する秘匿特権を確保することが可能である。「Upjohn Warning」とは，調査を行う弁護士が，ヒアリング開始前において，概して，①調査対象者に対して自らが企業を代理するものであり，調査対象者を代理するものではなく，②秘匿特権が調査対象者ではなく企業に属することを告知することである。

　さらに，C社が調査報告書などの報告書を公表する場合，C社が本来享受できる秘匿特権を放棄したと米国の裁判所において評価されるおそれがある点に留意する必要もある。

(3)　自主申告の要否の検討の必要性

　米国司法省は，米国FCPAに関する執行方針[6]を公表し，違反事実に関して任意の自主申告を行った企業が一定の要件を満たす場合には，処罰を軽減する方針を明確にしている。また，米国刑事司法手続では，司法取引制度，有罪答弁合意，訴追延期合意など処罰の減免を受けるための様々な制度が存在する。

　これらの制度を活用し，処罰の軽減を受けるために，米国FCPA違反事実を米国当局に対し自主申告することも検討することが有益である。ただし，自主申告を行うべきか否かについて様々な要素を考慮する必要があるため，日本の刑事手続，米国の刑事手続双方に精通した弁護士の適切な助言を受けることが重要である。

6　Justice Manual 9-47.120 - FCPA Corporate Enforcement Policy

索　引

欧文

Economic Gangsters（経済ヤクザ）
　　　　　　　　　　　　　　　　 15
ESG　　　　　　　　　　　　　 139
FCPA　　　　　　　　 3, 40, 43, 175
NTR（Non Trial Resolution）　　　 50
OECD外国公務員贈賄防止条約　　 3
SDGs　　　　　　　　　　　　　 2
SFP（Small Facilitation Payment）　 8
UKBA　　　　　　　　　　　　 40

か行

海外贈賄防止ガイダンス
　　　　　　 5, 8, 11, 20, 21, 28, 29
会計処理　　　　　　　　 89, 147
外国公務員贈賄罪　　　　 3, 40, 41
外国公務員贈賄防止指針　　　　 29
外国公務員贈賄防止条約　　　　 40
ガバナンス　　　　　　　　　 149
危機管理　　　　　　　　　 13, 20
企業価値　　　　　　　　　　　 3
協議　　　　　　　　　　 34, 129
　　──開始申入書　　　　　　 131
経営責任　　　　　　　　　　 159
合意制度　　　 31, 38, 114, 161, 165
コロナ禍　　　　　　　　　　 106
コンプライアンス態勢　　　　　 4

さ行

自首　　　　　　　　　　　　 130
自主申告　　　　　　　　 84, 180
社内調査　　　　　　　　　　 63

証拠収集等への協力及び訴追に関する
　合意制度の運用等について（依命通
　達）　　　　　　　　　 33, 126
上場会社における不祥事対応のプリン
　シプル　　　　　 23, 29, 63, 154
初動対応　　　　　　　　 10, 56
新型コロナウイルス　　　　　　 2
人権　　　　　　　　　　　 136
　　──問題　　　　　　　　 139
善管注意義務　　　　　　　　 28

た行

第三者委員会　　　　　　　　 154
懲戒処分　　　　　　　　　 159
適時開示　　　　　　　　　 146
デジタル・フォレンジック　　 78
天馬　　　　　　　　　　　 140
特定犯罪　　　　　　　　　 38
トップメッセージ　　　　 12, 103

な行

内部通報　　　　　　　　　 56
日本交通技術（JTC）　　　 17, 139
日本版司法取引　　　　　　 31
入札資格停止処分　　　　 49, 151

は行

ヒアリング　　 79, 81, 108, 109, 111
不当要求型　　　　　　　　　 9
腐敗防止　　　　　　　　　　 2
ベトナムの贈収賄　　　　　　 92
便宜供与型　　　　　　　　　 9
弁護士・依頼者間秘匿特権　　 179

ま行

マスコミ……………………………… 148
　──対応………………………………… 150
三菱日立パワーシステムズ… 28, 33, 36

や行

有価証券報告書………………… 90, 147
有事対応……………………… 5, 7, 20, 103

ら行

両罰規定………………………………… 35

【著者紹介】

海外贈賄防止委員会 (Anti-Bribery Committee Japan：ABCJ)

日弁連「海外贈賄防止ガイダンス（手引）」の策定・監修に関わった弁護士および研究者が中心となり創立。「腐敗と闘うための武器を提供する」「海外贈賄の闇に光を照らす」「腐敗を撲滅するための連携を促す」を目標に掲げ，日弁連ガイダンス解説の発行，贈賄防止アセスメントツールの作成，腐敗防止強化のための東京原則の策定（グローバル・コンパクト・ネットワーク・ジャパンとの協働）など，海外贈賄防止に向けた様々な活動を展開。
ホームページ：https://www.antibriberyjapan.org/

【編著者紹介】

國廣　正 (くにひろ　ただし)

弁護士
国広総合法律事務所代表弁護士。専門分野は，危機管理，コーポレートガバナンス，会社法訴訟など。ベトナム，インドネシア，ウズベキスタンでの外国公務員贈賄事件（日本交通技術事件）の第三者委員会の委員長を務めたほか，外国公務員贈賄事案の危機管理や贈賄防止体制構築の実務に携わる。経済産業省の「外国公務員贈賄の防止に関する研究会」委員として「外国公務員贈賄防止指針」の策定に関わったほか，OECDの贈賄作業部会による「フェーズ4対日審査」への対応も行う。著書に『海外贈収賄防止コンプライアンスプログラムの作り方〔改訂版〕』（第一法規，2019年），『企業不祥事を防ぐ』（日本経済新聞出版社，2019年）など。
執筆担当：第1部②，コラム①

稲川　龍也 (いながわ　たつや)

弁護士，公認不正検査士
1983年検事任官，2010年甲府地検検事正，2012年東京地検次席検事，2013年最高検総務部長兼検察改革推進室長，2018年広島高検検事長，2019年弁護士登録（高橋綜合法律事務所）。現在2社の社外役員。
6年間の東京地検特捜部在籍期間を含め，数多くの贈収賄事件・大型経済事件などの企業犯罪を主任検事として担当し，最高検総務部長兼検察改革推進室長として，日本版司法取引を含む刑事訴訟法の改正作業，検察運用指針作りに関与する。
専門は，刑事事件，各種不正調査，企業の危機管理。
執筆担当：第1部④

竹内　朗 (たけうち　あきら)

弁護士，公認不正検査士
1996年弁護士登録，2001-2006年日興コーディアル証券株式会社（現SMBC日興証券株式会社）法務部勤務，2006-2010年国広総合法律事務所パートナー，2010年プロアクト法律事務所開設。専門は，企業のリスクマネジメント，不祥事対応・有事の危機管理，平時のリスク管理体制強化（コンプライアンス），会社法（ガバナンス），金融商品取引法，反社会的勢力排除，ESG関連法務など。2014年に日本交通技術株式会社が設置した第三者委員会の委員，2020年に天馬株式会社が設置した第三者委員会の委員に就任し，外国公務員贈賄事件の事実調査・原因究明・再発防止提言を実施。複数の上場会社で社外役員を歴任，一般

社団法人日本公認不正検査士協会（ACFE JAPAN）理事，2021年12月に日本経済新聞社が発表した「企業法務税務・弁護士調査」の「危機管理分野」で総合ランキング第10位に選出。『図解 不祥事の社内調査がわかる本』（中央経済社，2020年），『図解 不祥事の予防・発見・対応がわかる本』（中央経済社，2019年），『企業不祥事インデックス〔第2版〕』（商事法務，2019年）など著書論考多数。

執筆担当：第1部③，第2部ケース1，コラム⑤

【執筆者紹介】

今井　猛嘉（いまい　たけよし）

1988年東京大学法学部卒業，同年東京大学法学部助手，1991年北海道大学法学部助教授，1995年法政大学法学部助教授，2002年法政大学法学部教授，2004年法政大学大学院法務研究科教授，2009年内閣府入札等監視委員会委員（委員長代理）（現在に至る），2015年High Level Advisor to the Secretary General of the OECD（continuing）。

主な著書として今井猛嘉＝小林憲太郎＝島田聡一郎＝橋爪隆『刑法各論〔第2版〕』（有斐閣，2013年），今井猛嘉＝小林憲太郎＝島田聡一郎＝橋爪隆『刑法総論〔第2版〕』（有斐閣，2012年），Comparative Counter-Terrorism Law（edited by Kent Roach）Cambridge University Press, 2015

執筆担当：コラム③

工藤　寛太（くどう　かんた）

弁護士

2009年同志社大学法学部卒業，2011年神戸大学法科大学院修了，2013年弁護士登録，法律事務所勤務を経て，2014年大和ハウス工業株式会社入社。

企業内弁護士として，主にコンプライアンス体制構築，危機管理等に携わる。

著書として『不動産取引における調査・説明のポイント―特別な注意を要する物件―』（新日本法規出版，2021年），『Q&Aでわかる業種別法務 不動産』（中央経済社，2019年）。

執筆担当：第2部ケース2

桒原　里枝（くわばら　りえ）

弁護士

2013年中央大学法学部法律学科卒業，2015年中央大学法科大学院卒業，2016年弁護士登録，同年ベーカー＆マッケンジー法律事務所入所。

製薬・医療機器メーカー等の連邦海外腐敗行為防止法（Foreign Corrupt Practices Act）に関するコンプライアンス調査，贈収賄防止規定・トレーニング等のコンプライアンス支援，国際訴訟・紛争解決等に携わる。

主な著書として『Q&A親子・関連会社の実務』（共著，新日本法規出版，2006年3月発行（加除式））。

執筆担当：第2部ケース2

五味　祐子（ごみ　ゆうこ）

弁護士

上智大学法学部卒業，1999年弁護士登録，国広総合法律事務所入所。国広総合法律事務所

パートナー弁護士。

専門は，コーポレートガバナンス，コンプライアンス体制構築，不祥事対応，ハラスメント対策，会社法訴訟，消費者対応，ESG関連法務など。複数の上場会社の社外役員を務める。消費者庁の「公益通報者保護法に基づく指針等に関する検討会」の委員を務めた。2022年6月から経済産業省の産業構造審議会臨時委員として外国公務員贈賄ワーキンググループに参画し，外国公務員贈賄罪の制度課題の検討に携わっている。

著書に『海外贈収賄防止コンプライアンスプログラムの作り方〔改訂版〕』（第一法規，2019年）など。

執筆担当：第2部ケース2

佐藤　剛己（さとう　つよき，戸籍名は「剛（つよき）」）

ビジネス・リスク・コンサルタント，公認不正検査士（CFE），インベスティゲーター団体Intellenet（本部米国）日本代表。

新聞記者，アメリカ留学の1年を挟んで米調査会社Kroll東京支社・支社長，シンガポールで法人Hummingbird Advisories Pte Ltd設立，帰国後同名の個人事業を再開するなど，民間にいながら情報分析業務31年の経歴を持つ。座右の銘は「点と点を結んで絵を描くのがジャーナリスト」との，日本に関する著書も多いアムステルダム大学名誉教授カレル・ヴァン・ウォルフレン氏の言葉。

執筆担当：コラム④

高橋　大祐（たかはし　だいすけ）

弁護士

真和総合法律事務所パートナー弁護士。法学修士（米・仏・独・伊）。企業・金融機関に対し，海外贈賄防止を含むグローバルコンプライアンスやサステナビリティ分野の法的助言・紛争解決・危機管理を担当。日弁連弁護士業務改革委員会CSRと内部統制PT副座長，国際法曹協会ビジネスと人権委員会Vice Chair。関連著書に『グローバルコンプライアンスの実務』（きんざい，2021年），『SDGs/ESG経営とルール活用戦略』（商事法務，2022年）がある。

執筆担当　第1部①，第2部ケース3

田中　伸英（たなか　のぶひで）

弁護士

2006年早稲田大学法学部卒業，2009年北海道大学法科大学院卒業，2010年弁護士登録，2016-2019年Assegaf Hamzah & Partners（インドネシア）勤務，2019年からプロアクト法律事務所。

2017-2019年JETROジャカルタ事務所法務専門家。2017年から現在 愛知県インドネシアサポートデスク法務専門家。ASEAN各国への進出（会社設立・M&A）・進出後の法務アドバイス，海外子会社への親会社支援体制の構築支援，海外子会社の不正調査，訴訟を専門とする。

執筆担当：第2部ケース1

内藤　丈嗣（ないとう　たけし）
弁護士
1993年慶應義塾大学大学院修士課程（法学研究科民事法学専攻）修了，1995年弁護士登録，2010-2016年明治大学法科大学院特任教授（会社法・民事訴訟法等），2017年東京2020組織委員会「都市鉱山からつくる！みんなのメダルプロジェクト」審査員，現在，森原憲司法律事務所パートナー。日本CSR普及協会専門委員（環境法・消費者法）。近時の著作として「アスベストに関する法改正が取引に与える影響の考察－不動産取引を例に」（環境管理，2021年6月号）など。
執筆担当：第2部ケース3

中野　竹司（なかの　たけし）
弁護士
1991年慶應義塾大学経済学部卒業，1995年公認会計士登録，2006年弁護士登録，奥・片山・佐藤法律事務所パートナー。
主に訴訟，不正調査，危機対応，M&A等に携わる。
主な著書として『日弁連ESGガイダンスの解説とSDGs時代の実務対応』（商事法務，2019年），『企業不祥事インデックス』（商事法務，2019年）など。
執筆担当：第2部ケース1，ケース3

西垣　建剛（にしがき　けんごう）
弁護士・ニューヨーク州弁護士
弁護士法人GIT法律事務所代表社員。1998年東京大学法学部卒業，2004年ニューヨーク大学ロースクール卒業（LLM），2000年ベーカー＆マッケンジー法律事務所（当時，東京青山法律事務所）入所，同事務所のパートナーを経て，2020年に弁護士法人GIT法律事務所を設立。
主に，贈収賄防止のコンプライアンス，グローバル内部通報制度の設立，不正調査，訴訟等に携わる。
主な著書として『グローバル内部通報制度の実務』（中央経済社，2022年），『海外進出企業の贈賄リスク対応の実務』（中央経済社，2013年）。
執筆担当：第1部⑤，第2部ケース3

藤野　真也（ふじの　しんや）
2010年京都大学経済学部卒業，2012年京都大学経営管理大学院修了，2016年麗澤大学大学院修了。MBA，博士（経営学）。麗澤大学国際学部准教授，企業倫理研究センター研究員。
主な論文として「グローバルリスクとしての外国公務員贈賄」（麗澤大学大学院博士論文，2016年），「外国公務員贈賄を巡る法制度と商慣習のギャップ」（経営倫理実践研究センター，2018年），「日本企業による海外腐敗行為防止の取り組み状況」（麗澤経済研究，2022年）。
執筆担当：第1部①

牧野　輝暁（まきの　てるあき）
弁護士
2015年一橋大学法学部卒業，2017年一橋大学法科大学院卒業，2018年弁護士登録，都内法律事務所勤務を経て，2020年国広総合法律事務所入所。

主に危機管理，会社不正の調査業務，内部通報制度などのコンプライアンス体制構築，訴訟（株主代表訴訟を含む）等に携わる。
執筆担当：第2部ケース2，コラム②

吉田　武史（よしだ　たけし）
弁護士
ベーカー＆マッケンジー法律事務所（外国法共同事業）パートナー。クロスボーダー性のある紛争解決案件のほか，社内調査，コンプライアンス案件，各種契約交渉・作成案件を主に取扱う。東京弁護士会，米国ニューヨーク州弁護士会，内部監査人協会（IIA）および公認不正検査士協会（ACFE）所属。
執筆担当：第1部⑤，第2部ケース3

海外贈賄危機管理の実務

2022年9月15日　第1版第1刷発行

編著者　國　廣　　　正
　　　　稲　川　龍　也
　　　　竹　内　　　朗

著　者　海外贈賄防止委員会

発行者　山　本　　　継

発行所　㈱中央経済社

発売元　㈱中央経済グループ
　　　　パブリッシング

〒101-0051　東京都千代田区神田神保町1-31-2
　　　　電話　03 (3293) 3371(編集代表)
　　　　　　　03 (3293) 3381(営業代表)
　　　　https://www.chuokeizai.co.jp

印刷／三　英　印　刷　㈱
製本／㈲　井　上　製　本　所

© 2022
Printed in Japan